大人の自由時間 mini

うまい日本酒を知る、選ぶ、もっと楽しむ

酒達人が教える、知って飲んで通になる本

飲食店日本酒提供者協会 監修

技術評論社

はじめに

米から酒へ。
世界一醸造が複雑で、醸造酒では世界一アルコール度数が高くなる日本酒。
冷酒からお燗酒まで、これほどに幅広い温度で楽しめるお酒は、
なかなかありません。
日本が世界に誇る「國酒」です。
弥生時代の「口噛み酒」が日本酒の始まりとされていますが、
それから約2000年の間、日本酒は時代とともにおいしく進化してきました。
今、過去最高においしい、日本酒の時代が来ています。
淡麗辛口だけでなく、華やかな香りの酒から米の旨みをしっかり感じる酒、
シュワシュワした発泡タイプ、デザートワインのようなタイプまで多種多様です。
そのため、以前よりも「お酒選び」や、「飲み方」が
難しくなってきていないでしょうか?

この本では、日本酒の各分野のプロフェッショナルが
「日本酒ってなんだ?」「どうすればおいしく飲める?」という
みなさまの疑問にお答えして、“日本酒通”へと指南いたします。
嗜好は、千差万別。飲み方も人それぞれ。
自分に合った、日本酒の楽しみ方を見つけてください。
本を手にとっていただいた方が、
日本酒の新しい1ページを開くお手伝いができたら幸いです。

一般社団法人
飲食店日本酒提供者協会 理事長
花岡《はなおか》 賢《けん》

❖目次

第三章 日本酒の味を引き出す「温度」と「酒器」を学ぶ

終章 日本酒を楽しむプロのテクニック集

〈ご注意〉

- 本書記載の情報は、2016年3月17日現在のものを掲載しています。
- 本書に掲載の価格は特に（税込）と記載のあるもの以外はすべて本体価格（税別）です。
- 日本酒の数値や味の評価は目安であり、酒造年度によって変化します。
- 日本酒は季節商品が多いため、時季により購入できないものがあります。
- 本書に記載された内容は、情報の提供のみを目的としています。したがって、本書を用いた運用は、必ずお客様自身の責任と判断によって行ってください。これらの情報の運用の結果について、技術評論社および監修者はいかなる責任も負いません。

序章

日本酒の基本を学ぶ

日本が世界に誇るお酒、日本酒。
まずは日本酒を楽しむ上で大切な、
基本的な知識を学びましょう。

日本酒の定義

私たちが普段目にしている「日本酒」とは、そもそも、どのようなお酒なのでしょう？原料、製造方法の特徴を知りましょう。

水と米で醸す日本固有の醸造酒

日本酒とは、酵母の発酵によって醸す**醸造酒**の一種です。原料である米と水の質、醸造家の技術が味に表れやすく、同じ日本酒でも地域や蔵によって全く異なる個性の酒を楽しめます。また、米のデンプン質をブドウ糖に変える糖化とブドウ糖をアルコールに変える発酵を同時に行う「**並行複発酵**」という世界的に珍しい発酵方法も特徴。日本の風土と技術によって生まれた唯一無二のお酒であり、日本を代表する酒として国が定めた「國酒《こくしゅ》」です。また、同じ國酒である焼酎は蒸留して高濃度のアルコールを抽出する「蒸留酒」。醸造酒や蒸留酒に果実などを加えた酒は「混成酒」と呼びます。

日本酒の歴史は古く、稲作が伝わった弥生時代に製造が始まり、江戸時代には現代の製法が確立されました。近年は精米や冷蔵技術の発達により、味のレベルが格段に向上。全国各地で高品質な日本酒が生み出されています。

◆日本酒の特徴

一、原料は米と水
※醸造アルコールを添加する場合もあり(P8)

二、原料の個性が表れる

三、独自の並行複発酵

酒の種類

醸造酒
・日本酒
・ワイン
・ビール など

蒸留酒
・焼酎
・ウイスキー
・ウォッカ など

混成酒
・梅酒
・リキュール類など

日本酒を分類する

大吟醸、純米吟醸、特別純米…日本酒にはさまざまな種類があります。ここでは日本酒の分類ルールを解説します。

原料と精米《せいまい》歩合《ぶあい》で特定名称酒を分類する

日本酒のラベルを見ると「大吟醸」「純米吟醸」などさまざまな表記が見られます。複雑に感じられますが、2つのルールを理解するだけで簡単に分類することができます。1つめは「原料」です。純粋に米と水だけで造る日本酒を「**純米系**」、醸造アルコールを添加したものを「**本醸造系**」と呼びます。2つめは、米をどれほど削ったかという「精米歩合」。一般的にたくさん磨く（高精米）ほど高級で綺麗な味になり、その数値により「大吟醸」や「吟醸」などの名称を記載できます。

また、これらの分類に該当する日本酒は、国税庁が定める日本酒の品質基準をクリアした「**特定名称酒**」のみ。基準に満たないものは「**普通酒**」といい、現在の日本酒市場の約70％を占めます。「特定名称酒」を名乗れるのは、一部の特別なお酒なのです。次のページからは具体的な分類、全8種類の特定名称酒を紹介します。

◆分類の考え方

精米歩合

原料の米をどの程度削る（磨く）かによって4段階にランク付け。

×

原料

原料が米と水だけか、醸造アルコールが添加されているかの2タイプ。

▼

全8種類に分類できる

①原材料による分類

米 ＋ 水

醸造アルコール

米（米麹含む）と水に加え、味や香りを整えるために醸造アルコールを添加した酒を「醸造酒」という。アルコールの原料はサトウキビなど。

⇓

すっきり
飲みやすい

本醸造系

すっきりとシャープな飲み口になりやすい。熱燗にしても味が崩れにくい。

米 ＋ 水

米（米麹も含む）と水だけで造られる日本酒を「純米酒」と呼ぶ。米麹の使用割合は、全体の15％以上と定められている。

⇓

米の旨み
を感じる

純米系

米本来の旨み、ナチュラルな香りを楽しめるタイプが多い。

②精米歩合による分類

米の外側を削ることを「精米」という。精米歩合が5%違うだけで味が大きく変わる。

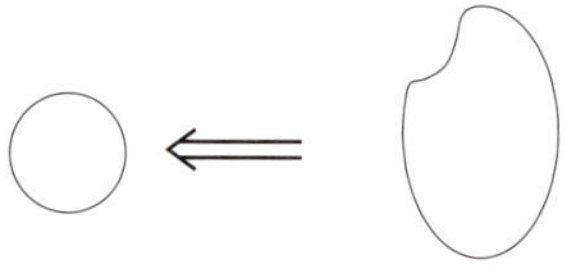

精米歩合50%　　玄米（100%）

米の外側に多く含まれるタンパク質や脂質などが、雑味の原因になる。

※通常の精米では、米は丸くなる。米の形に沿って精米することを「扁平精米」という。

高精米

●大吟醸酒

米を半分以上削って造る日本酒を「大吟醸酒」という。大量の米から少量しか造れないことから、高級酒になる。雑味が少なく透き通った味わいが特徴。

50%以下

●吟醸酒／特別酒

精米歩合が60%以下の場合は「吟醸酒」という。大吟醸よりもふくよかな味になることが多い。また、精米歩合60%以下または特別な製造方法を用いたものは「特別」と表記が可能になる。

60%以下

●本醸造酒

精米歩合が70%以下のものから精米歩合による名称が付き、それ以上だと表記できない。ほとんどの特定名称酒は70%以下に削られるが、純米酒のなかには80、90%の低精米の銘柄もある。

70%以下

低精米

①原材料×②精米歩合＝8つの特定名称酒の呼称

	本醸造系	純米系
50%以下	**大吟醸酒** 精米歩合50%以下、米と水、醸造アルコールで造る酒。雑味が少なく、果実のような香りのものが多い。	**純米大吟醸酒** 精米歩合50%以下、米と水のみで造る酒。クリアな味わいながら、米のコク、旨みが感じられるものが多い。
60%以下	**吟醸酒** 精米歩合60%以下、米と水、醸造アルコールで造る酒。華やかな香りとキレのある余韻が特徴的。	**純米吟醸酒** 精米歩合60%以下、米と水のみで造る酒。味と香りのバランスが良く、米の旨みが際立つものが多い。
60%以下	**特別本醸造酒** 原料は米と水と醸造アルコール。精米歩合60%以下、または特別な製造方法（説明表示が必要）の酒。	**特別純米酒** 原料は米と水のみ。精米歩合60%以下、または特別な製造方法（説明表示が必要）で造られる酒。
70%以下	**本醸造酒** 精米歩合70%以下、米と水、醸造アルコールで造る酒。飲用温度帯が広く、和食に合わせやすいものが多い。	規定なし **純米酒** 精米歩合の規定なし、米と水のみで造った酒。米本来の個性があり、銘柄によってさまざまな味となる。

「造り」の違いを知る

同じ精米歩合の日本酒でも、「造り（＝製造方法）」の違いで、味が大きく変化します。代表的な「造り」を解説します。

知恵と工夫が生んだ多種多様な「造り」の表現

古より伝わる日本酒製造は、蔵人の知恵と工夫によって進化してきました。そのため、同じ工程のなかにも、蔵によってさまざまな「手法」を取り入れており、同じ「大吟醸」の酒でも異なる個性を表現しています。「酛《もと》（酒母《しゅぼ》）造り」の手法や、酒を搾る「タイミング」による違い、後処理の技術など、多様な「造り」を日本酒選びの参考にしましょう。

酛《もと》（酒母）造りによる違い

日本酒の元となる「酛（酒母）」を
培養する手法による違い。
現在は短期間でできる「速醸」が主流だが、
生酛造りにチャレンジする蔵も増えている。

【山廃】やまはい

明治時代に生まれた手法。自然界の乳酸菌を使う点は「生酛」と同じだが、麹米ではなく水麹を用いるため「山おろし」の作業が不要。「山おろし廃止」の意味。

【生酛】きもと

江戸時代に確立された伝統的な手法で、自然界に生息する乳酸菌を取り込んで培養する。「山おろし」の作業が特徴的。

【水酛】みずもと

生米を水に浸して乳酸発酵を促した「そやし水」で発酵させる方法。室町時代から続く古い手法で、現在は奈良県の一部でのみ行われている。

【速醸】そくじょう

自然界の乳酸菌ではなく、人が乳酸を添加することで酛を造る手法。「生酛」や「山廃」の半分程度の短期間で造ることができる。

搾るタイミングによる違い

同じ造り、同じタンクで仕込んだ日本酒でも、
醪《もろみ》を搾る過程のはじめと終わりでは味わいが異なる。

【せめ】 ←

「中取り」の後、圧搾機に残った醪に圧力をかけて搾りきる最後の酒。雑味が多いとされるため、単体ではなくブレンドして販売することが多い。

【中取り】 ←

「あらばしり」に続いて出てくる。透き通っており、バランスの取れた香り、味が特徴。「中垂《だ》れ」「中汲《く》み」ともいう。

【あらばしり】

日本酒の醪を搾る上槽《じょうそう》のとき、圧搾機から最初に出てきた酒を「あらばしり」という。フレッシュで荒々しい味が特徴。

後処理の違い

ろ過や加熱処理の有無など、搾った日本酒の
後処理の方法によっても名称が異なる。

【火入れ】

加熱殺菌させた酒。通常は上槽後と出荷前の2回行う。前者のみの場合を「生詰め」、後者のみを「生貯蔵酒」という。

【生酒】

加熱処理を一切行わない酒。瓶内の酵母が生きているため味の変化が早いが、火入れよりも旨みを楽しめる。

【無ろ過生原酒】

上槽後の日本酒を、加熱処理やろ過などの処理を一切せずに瓶詰めした酒。日本酒本来の味が出やすい。

特別な製法

通常の造りとは異なる特別な日本酒がある。
個性的な味わいの虜になるファンも多い。

【古酒】

1年以上貯蔵した日本酒。貯蔵することで徐々に着色して山吹色や琥珀色に変化する。常温での熟成と、氷温での熟成の2タイプがある。

【貴醸酒】きじょうしゅ

通常は水を使う「仕込み水」に、水だけでなく日本酒を用いた「日本酒で日本酒を造る」酒。より濃厚で甘い味になる。

【スパークリング】

炭酸ガスを含み発泡性のある日本酒。人工的に炭酸を注入するものとアルコール発酵中の醪を瓶詰めするものがある。

「酒米《さかまい》」の違いを知る

原料となる米には、特別に開発された専用の品種が用いられます。米の違いが日本酒に大きな影響を与えます。

理想の酒米を求めて、自ら米の栽培を行う「栽培醸造蔵」も多く存在する。泉橋酒造の自社圃場。

酒米の善し悪しが日本酒の基礎を造る

日本酒の原料には、普段私たちが目にする食用米ではなく、日本酒造りに適した品種の「酒米《さかまい》」（酒造好適米）が使われます。食用米に比べて大粒で、米の中心部にある白色不透明な部分の「心白《しんぱく》」があること。心白はデンプン質が少ないため、麹の菌糸が内部にまで入りこみやすい利点があります。また、雑味の原因となるタンパク質の保有量が少なく、溶けやすくアルコール発酵が進みやすいといった特徴があります。

酒米の中で最も有名なのは「山田錦」ですが、それ以外にも「雄町」や「五百万石」など、全国各地でさまざまな酒米が栽培されています。さらに酒蔵によるオリジナル品種の開発や、栽培地域による分類、無農薬・減農薬に取り組む蔵も見られるなど、近年は酒米の研究が進んできています。酒米の品種の特性や、栽培方法のこだわりを知ると、好みに合った日本酒を見つけやすくなります。

写真提供:泉橋酒造、株式会社アスク

主な酒米

【山田錦】

米粒、心白が大く、高精米の特定名称酒によく使われる人気品種。原産地である兵庫県の三木市や加東市周辺の特A地区で栽培したものは特に高品質とされる。

【五百万石】

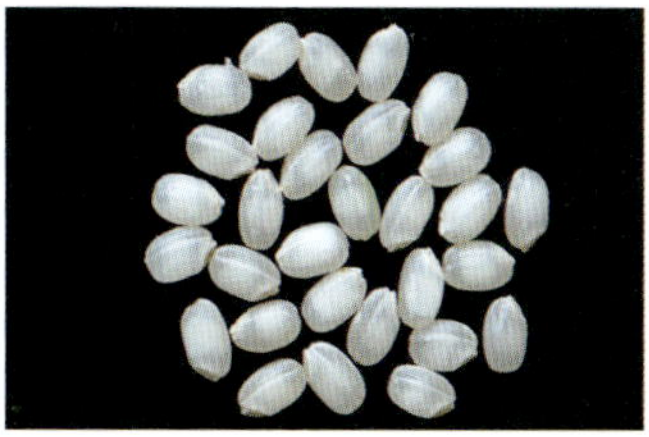

昭和32年、新潟県で生産高500万石を超えたことで命名された北陸の酒米。すっきりときれいな酒質になる。

【雄《お》町《まち》】

岡山県を代表する品種で、日本最古とされる酒米。しっかり濃醇な米の旨みが特徴。高級品種の1つ。

【出《で》羽《わ》燦々《さんさん》】

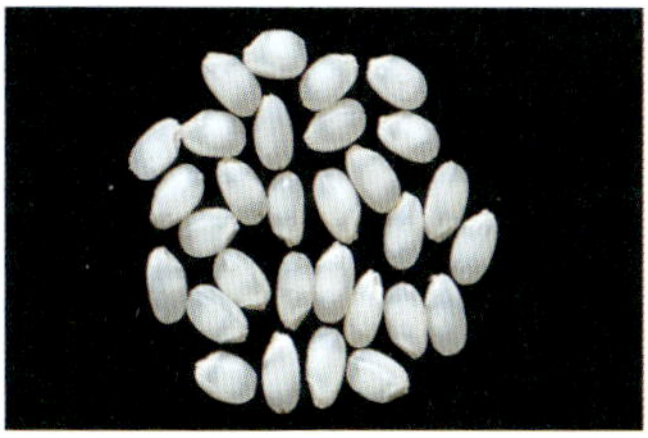

山形県で開発された酒米。水分を吸い込みやすい軟質な米。味に幅が出て、柔らかい飲み口になる。

【美《み》山《やま》錦《にしき》】

酒米として第3位の生産量を誇る代表品種。ふくよかで優しい味わい。長野県を中心に東北でも栽培される。

「酵母」の役割を知る

日本酒のアルコールを生み出すだけでなく、香りや味に大きな影響を与えるのが酵母です。酒蔵や商品によって異なります。

アルコールを生成する自然界の微生物

酵母とは自然界に多く存在する5~10マイクロミリメートルほどの微生物です。酒造りにおける「清酒酵母」の役割は、麹菌が米のデンプン質を糖化してできたブドウ糖をさらにアルコールに変えること。発酵と同時に、日本酒の香りや味わいを生み出します。

酵母には多種多様な種類があります。かつては各蔵に住み着く「蔵付き酵母」を取り込んでいましたが、近年は日本醸造協会が開発・頒布している「きょうかい酵母」を添加する場合がほとんどです。その中でも9号酵母＝華やかな香り、11号酵母＝キレがあるというように、できる酒の個性はさまざま。さらに一部酵母には発酵時に泡が上がるもの、上がらないものの2タイプがあるなど、目指す酒によって酵母を使い分けています。

また、近年は各県研究機関が開発した独自酵母や、花から分離した「花酵母」なども登場。酵母研究はますます進んでいます。

日本醸造協会が頒布している清酒用のアンプル詰酵母。
写真提供:公益財団法人 日本醸造協会

日本酒の主な酵母

6号酵母	秋田県の新政酒造から発見された、現存する最古のきょうかい酵母。発酵力が強く、香りは控えめでまろやか。泡あり／泡なしがある。
7号酵母	長野県の宮坂醸造から発見された酵母。華やかな香りで、吟醸酒から普通酒まで幅広い日本酒に使われる。泡あり／泡なしがある。
9号酵母	熊本県酒造研究所から発見された酵母。醪になるまでの期間が短く、華やかで強い吟醸香が特徴。泡あり／泡なしがある。
10号酵母	低温で長い期間をかけて醪を生み出す酵母。酸が少なく、果実のような吟醸香が特徴。泡あり／泡なしがある。
11号酵母	醪の状態が長期になってもキレの良さが損なわれず、アミノ酸も少ない。辛口の酒を造るのに向いている。泡あり／泡なしがある。
14号酵母 金沢酵母	酸が控えめで、ほどよい吟醸香を得ることができるため、特定名称酒に適している。泡あり／泡なしがある。
15号酵母 秋田流花酵母 AK-1	低温・長期の発酵により、酸が少なく、高い吟醸香を生み出すことができる。泡なしのみ。
1801号	平成18酒年度から頒布された新型酵母。発酵力が強く、華やかな香りとまろやかな味わいが特徴。純米酒や吟醸酒、ブレンド用としても使われる。
花酵母	東京農業大学醸造学科の中田久保教授が発見した酵母。ヒマワリ、ベゴニアなどさまざまなタイプがある。花酵母研究会が発売。

※泡なしの場合、酵母名の末尾に「01」がつく。例えば「6号酵母」の場合、泡なしは「601号」となる。

日本酒の醸造方法を学ぶ

酒米や酵母などを学んだ後は、それらがどのような工程を経て日本酒に変わるのか、製造方法を学びましょう。

麹、酛、醪 3つのパートで醸す

米と水というシンプルな原料から、細菌や微生物を巧みに操ることで、繊細な味わいを生み出す日本酒造り。「一に麹、二に酛、三に醪」という言葉があるように、醸造工程は大きく分けて3つのパートがあります。泉橋酒造の酒造りをベースに、パートごとの工程を解説。江戸時代から受け継がれる伝統と、最新技術が融合した酒造りの現場を見てみましょう。

米

麹《こうじ》

米を磨き「麹」を造る工程。麹造りが酒の骨格を決めるとされる、繊細で重要なパート。

・精米　・洗米／浸漬
・蒸米　・製麹

約3日

酛《もと》（酒母《しゅぼ》）

アルコール発酵のもととなる「酛（酒母）」を造る工程。酒のニュアンスがここで決まる。

（生酛／山廃／速醸）

約15日〜30日

醪《もろみ》

「酒母」を徐々に増やして「醪」を造る最後のパート。並行複発酵という発酵方法が特徴。

・仕込み　・発酵
・上槽　・おり引き／ろ過

約1カ月

酒

協力:泉橋酒造

①麹

1 精米

機械で米の外側を削る作業。泉橋酒造では米の形に合わせて精米する「扁平精米」を採用。50%削るまでに約48時間かかる。

↓

2 洗米・浸漬《しんせき》

精米で温まった米を冷やし、洗い、水を吸い込ませる。ストップウォッチを用いて米の重量の30%分の浸漬を目指す。

↓

3 蒸米《じょうまい》

甑《こしき》という道具を使って米を蒸し、外側は硬く内側が柔らかい「外硬内柔」にする。蒸し時間は一般的に40〜60分。蒸米は、麹用の麹米と、後で投入する掛け米に分けられる。

4 製麹《せいきく》

麹米にカビの一種の麹菌を振りかけて「米麹」を造る。これが掛け米のデンプン質を糖化する。

引き込み

冷やした蒸米を、麹菌の増殖に適した温度・湿度の製麹室に入れ、温度を均一にする。

種切り

蒸米を平たく広げ、「もやし」という器に入れた種麹《たねこうじ》を均一に振りかける。

床《とこ》もみ

麹菌が蒸米にまんべんなく付着するよう、手で米を揉み込むことで、麹米となる。

保温

麹米の水分が飛ばないように布などで包み、麹菌が繁殖しやすい温度・湿度を保つ。

切り返し

数時間後、固まった麹米を手でほぐす。酸素を取り込んで菌の増殖を促す。

盛り

麹米を一定量ずつ木製の「麹蓋《こうじぶた》」に分ける。これにより温度管理を行いやすくなる。

仲仕事

数時間後、一度麹米を出してかきまぜる。麹米の温度を適温に下げ、酸素を取り込む。

仕舞仕事

数時間後、再び麹米を出してかきまぜる。余分な水分を蒸発させる。

出麹《でこうじ》

麹菌の増殖が適切な量になったところで製麹室から出す。

麹米を薄く広げ、送風などで熱を冷ます。米麹が完成する。

52時間慎重な管理が必要

製麹の工程は、麹米の温度や水分をチェックしながら丸2日かけて行います。麹菌という見えない菌を相手にするため、蔵人は夜を徹して温度管理を行います。麹米の温度変化を計測、分析することで、理想の酒造りに合った米麹を目指します。

②酛（酒母）

5 酛（酒母）造り

米麹に蒸米、水を合わせて「酒母」を培養する。泉橋酒造で造る酒の40％は、自然界の乳酸菌を取り込む「生酛」を採用している。

山おろし

米麹と蒸米、水を擦り合わせて米に麹を付着させる。それを酛造りのタンクに移して微生物の繁殖を待つ。

▼

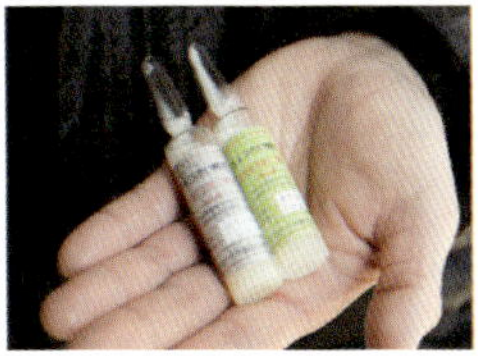

酵母添加

添加した「酵母」によって、麹菌が分解したブドウ糖からアルコールが生まれる。

▼

酛

温度管理を行い、酵母の活動を促す。30日程度で酛が完成する。

3つの酒母造り

（▶P38）

【速醸】

米麹、水に、あらかじめ乳酸と酵母を入れた水麹を造り、そこに蒸米を投与する方法。生酛、山廃よりも短い期間で酒母ができる。

【山廃】

明治時代に開発された方法。米麹と水を合わせた「水麹」に蒸米を混ぜ合わせるため、「山おろし」が不要。自然界の乳酸菌を取り込む。

【生酛】

江戸時代から行われる技術。米麹と蒸米、水を擦り合わせる「山おろし」を行い、米に麹を付着させる。自然界の乳酸菌を取り込む。

6 仕込み

酛を大きなタンクに移し、米麹、蒸米、仕込み水を加えて混ぜ合わせて「醪」を造る。すべての材料を一度にタンクに入れると酵母菌が薄まって他の雑菌に侵されやすくなるため、3回に分けて作業する「三段仕込み」が一般的。酛の約14倍の量の醪ができる。

※醪の甘みを増やすため、掛け米を加える回数を増やす「四段仕込み」などの手法もある。

初添え

タンクに酛を入れ、その後に水、米麹、蒸米を分けて入れる。2日目は酵母の増殖を促すために休ませる期間で、「踊り」と呼ぶ。

仲添え

3日目、十分に酵母が増殖したら初添えの2倍程度の水、米麹、蒸米を加える。温度管理を徹底し、さらに発酵を促す。

留添え

4日目、さらに初添えの3倍程度の水、米麹、蒸米を加える。酵母が発酵しやすい環境を保つ。

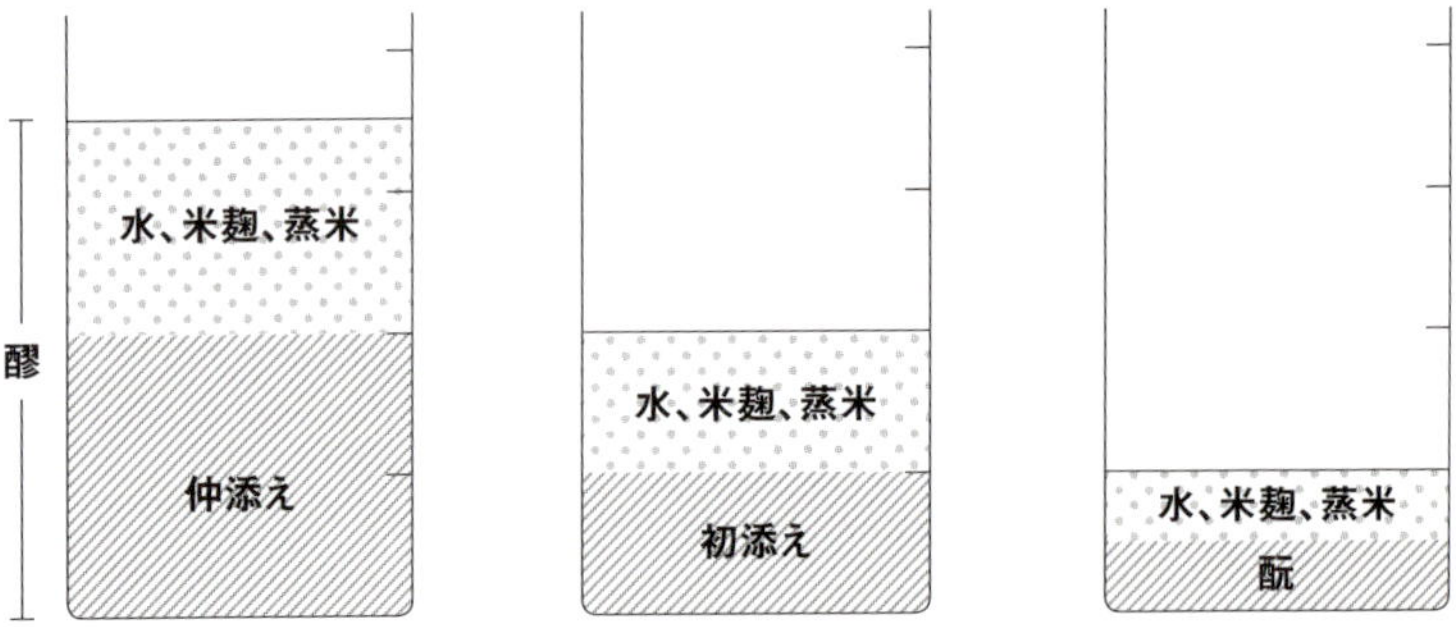

7 発酵

1カ月ほどかけて醪を発酵させる。このとき、麹菌が蒸米のデンプン質をブドウ糖に変え、それを酵母がアルコールと炭酸ガスに変える「並行複発酵」が行われる。

8 上槽《じょうそう》

※本醸造系、普通酒では上槽の直前にアルコールを添加する。

発酵によりできた醪を酒と酒粕に分ける。「自動圧搾機」（通称ヤブタ式）が主流だが、泉橋酒造では酒袋に入れて「槽《ふね》」という道具で搾る方法を採用。圧力をかけない「袋吊り」などもある。

9 おり引き・ろ過

上槽後は米の破片や酵母などの固有物が浮遊しているため、10日ほどかけて沈殿させる「おり引き」を行う。次に機械や活性炭などで微細な粒子を「ろ過」する。

10 火入れ

理想の味になったタイミングで酵母の働きを止め、品質劣化を防ぐために65度前後で加熱する「火入れ」を行う。プレートヒーターや蛇管を通して熱湯をくぐらせる方法と瓶詰め後にお湯に入れる瓶殺菌がある。

11 貯蔵・割水

香りのバランスが取れるまで貯蔵する。出荷前には唎き酒と成分分析、調合や加水などを行い、目的の味に最終調節が行われる。

酒蔵、商品によって異なる

POINT 最後に水を加えて飲みやすくする

醪を搾った日本酒は、アルコール度数が高いもので20%前後になる。そこで、一般的には「加水」を行い、飲みやすい15%前後に調節して出荷される。この作業を行わないものを「原酒」と呼ぶ。

日本酒の「味わい」を知る

日本酒には多彩な香りと味があり、それらを知ることで理想の味を見つけやすくなります。日本酒が持つ味わいの種類を紹介します。

代表的な味の表現を組み合わせて好みを導き出す

日本酒を「おいしい」と感じる要素には、「香り」と「味」の2つの要素があります。

まず「香り」には、日本酒を鼻に近づけた際に感じる「上立《うわだ》ち香《か》」と、飲み込んだ後鼻から抜ける「含み香」に分けられ、果実系なものから酸味、スパイシーなものまで、さまざまなものがあります。「味」は口に含んだ瞬間と飲み込んだ後に「甘い、辛い」や「濃淡」「余韻」といった表情が感じられます。

これらは日本酒本来の酒質だけでなく、飲む温度や熟成具合、さらに酒器の材質・形状など、さまざまな影響を受けます。多くの要因が複雑に組み合わさり、はじめて「おいしい」と感じるのです。

酒販店などで日本酒を選ぶ際には、「香りは果実系で、味は濃厚で、余韻は長い」というように、特徴的な表現を組み合わせれば、より効率的に好みの銘柄を見つけることができるでしょう。

果実系と穀物系の2タイプ

日本酒のもっとも簡単な分類が、果実系か、穀物系の旨みを感じるかの2つ。この基本的な考えの上に、香りや味の評価ができるようになります。唎き酒の初級編として意識してみましょう。

果実系
小左衛門
(P83)

穀物系
やまとしずく
(P56)

香りと味の評価

香り

POINT 果物、穀物に分ける

香りは「果物」か「穀物」に分類されます。その上で、どのような果物なのか、＋αでどのような香りがあるかを意識します。

[果　物] リンゴ、バナナ、洋ナシ、メロン、パイン、いちご、みかんなど

[スパイス] アルコール、シナモン、ミントなど

[木・草] 杉、ヒノキ、草、バラ、大根おろしなど

[米] 米、麹、ふかし芋など

[酢] 酢、ヨーグルト、チーズ

[醤油・カラメル] 醤油、カラメル、はちみつ、杏仁、コーヒー

[たくあん] たくあん、ゆでた大根

味

POINT アタックと余韻の2つがある

口に含んだ瞬間に感じるアタックから、濃淡や甘み辛みといった情報を読み取る。喉を通った後の余韻の質、長さも重要。

[淡い・濃い]
日本酒が舌に触れた瞬間に感じる味の強弱。

[甘い・辛い]
「淡い・濃い」と組み合わさり、「淡麗甘口」や「濃醇辛口」といった味の表現になる。

[短い・長い]
飲み込んだ後に感じる余韻。鼻から抜ける「含み香」とともに感じる。短いと「キレがいい」という。

温度帯によって味が変化する

飲む温度帯で味わいが変化するのも日本酒の特徴。冷たいほどシャープですっきり、温度が上がると柔らかくふくよかな旨みがわかりやすくなる傾向にある。

（▶P104）

日本酒を楽しむテイスティング

日本酒の味の表現を学んだら、実際に感じてみましょう。酒の特徴を引き出すテイスティングを紹介します。

［オーソドックスな酒器］

POINT
プロの唎き酒は個性や欠点がわかりやすい形状の酒器。唎き酒用の酒器は味を細部まで感じすぎるため、自宅用には不向き。
POINT
丸みがあってスワリングでき、香りが立ちやすい形状
POINT
一度に注ぐ量は少量でよい

カネコ小兵製陶所製

日本酒の理解を深める自宅でできるテイスティング

日本酒のテイスティングの場面には3つがあります。1つは蔵人が酒の出来を確認するとき。2つは飲食店がおいしく提供するために温度や酒器を選定する唎き酒のとき。最後は飲み手が、批評ではなく、より「おいしく楽しむ」ときです。繊細で奥深い酒の個性を十分に感じて理解するためです。感想をノートに記録しても、日本酒の理解が深まるでしょう。

1 上立ち香を見る

グラスに鼻を近づけて香りを確認。まずは果実系か穀物系か。さらに、粘性と熟度を確認する。

POINT ・香りは果実か穀物か

2 スワリングする

グラスを軽く回す「スワリング」を行い、再び香りを嗅ぐ。空気に触れたことで香りが開き、一層豊かな香りが感じられる。

POINT ・1からの香りの変化

3 口に含み飲み込む

口に含んで最初のインパクトを感じ、そのまま舌の上に広がる味を確認。1秒ほど転がし、自然なタイミングで飲み込む。

POINT
・味のタイプ
・含んだときの印象

4 余韻を感じる

のどごしを意識した後は、余韻の長さをチェック。鼻から抜ける「含み香」の強弱は、香りの全体像を最終確認する重要なポイント。

POINT
・鼻から抜ける含み香
・余韻の長短。短いとキレが良いという。

日本酒の用語集

伝統と最新技術で造られる日本酒の世界には、難しい専門的用語が多くあります。序章の最後に、その一部を紹介します。

あ

【一升瓶】いっしょうびん
容量約１・８ℓ（一升）のガラス瓶。日本酒では主に一升瓶と四合瓶（７２０ｍℓ）が使用される。

【上立ち香】うわだちか
酒を鼻に近づけた時に感じる揮発性の香り。

【男酒／女酒】おとこざけ／おんなざけ
引き締まった辛口の酒を男酒、柔らかな甘口の酒を女酒という。「灘の男酒、伏見の女酒」が代表的。

【滓】おり
上槽後の日本酒に残る、米の破片などの小さな固形物。沈殿させて上澄みだけを取ることを「おり引き」という。滓が残った日本酒は「おりがらみ」。

か

【掛け米】かけまい
米麹と合わせて酛や醪になる米。

【燗酒】かんざけ
日本酒を温めて飲む方法。温度帯により「ぬる燗」「熱燗」などさまざまな名称がある。

【鑑評会】かんぴょうかい
一般的に酒類総合研究所が春に行う「全国新酒鑑評会」を指す。

【吟醸香】ぎんじょうか
日本酒の果実のような香り。

【原酒】げんしゅ
上槽後、加水やアルコール添加を行わずに出荷する日本酒。

【合】ごう
明治時代に定められた単位。１合は約１８０ｍℓで、現在も１杯の基準に用いられる。

【麹】こうじ
米のデンプン質を糖化するカビの一種。日本酒では主に黄麹菌が使われる。麹造りに使われる米を麹米、できた麹を米麹といい、特定名称酒では、全体の15％以上の使用を定められている。焼酎には黒麹菌、白麹菌が使われることが多い。

【國酒】こくしゅ
日本の風土、日本人の忍耐強さ、繊細さを象徴した、日本を代表する酒。平成24年に日本酒と焼酎が定められた。

【甑】こしき
蒸米で使われる蒸し器のこと。窯の上に乗せて使用する。

さ

【サーマルタンク】
酒造りに使用されるタンクの一種で、温度管理を自動で行うことができるもの。ホーローや木製の桶を使い、室温の調節や冷却材（氷）で温度管理を行う場合もある。

【蛇の目】じゃのめ
蔵人ができた酒の品質を見るために使う唎き酒用の白いおちょこ。底に2重の丸が描かれており、この模様によって日本酒の透明度や色が見えやすくなる。

【醸造アルコール】じょうぞうあるこーる
製造工程で味や香りを整えるために添加するアルコールで、本醸造系などに用いられる。原料はサトウキビなど。アルコールを添加しない日本酒を純米系という。

【杉玉】すぎたま
杉の葉をボール状にしたもの。酒蔵の軒先に吊るすことで、新酒ができたことを知らせる役割がある。酒林《さかばやし》ともいう。

【雪中貯蔵】せっちゅうちょぞう
雪の中にタンクを埋める、自然環境を生かした貯蔵方法。温度が一定の「洞窟」を利用した「洞窟貯蔵」などもある。

【ちろり】
燗酒をつけるときに使用する専門の道具。錫《すず》やアルミ製のものなどがある。

た

【杜氏】とうじ
日本酒の職人集団であり、その最高責任者を指す。また、酒造りに携わる職人を蔵人《くらびと》といい、杜氏まで多くの階級がある。近年は杜氏制度を廃止する蔵も多い。

【特定名称酒】とくていめいしょうしゅ
国税庁が定めた条件を満たす日本酒のこと。純米酒、本醸造酒、吟醸酒などがある。

な

【日本酒度】にほんしゅど
甘口、辛口を示す1つの目安。マイナスほど甘く、プラスほど辛く感じることが多い。

は

【含み香】ふくみか
口に含んで温められた酒から揮発する香り。飲み込んだあと、鼻から抜ける。

【袋搾り】ふくろしぼり
通常は圧力をかけて酒を搾る上槽の工程で、醪を入れた袋を吊るして重力だけで抽出する方法。時間がかかるが、クリアな味になる。「斗瓶取り」ともいう。

【槽】ふね
酒を搾るために醪を入れる道具。形が舟に似ていることから呼ばれるようになった。

【酛】もと
米麹と掛け米、水から、アルコール発酵に必要な酵母を培養したもの。（＝酒母）

ま

【醪】もろみ
酛（酒母）、米麹、水、蒸米（掛け米）、を合わせる醪造り・仕込みの工程で造られるもの。これを上槽することで日本酒となる。

や

【ヤブタ式】やぶたしき
上槽にアコーディオンタイプの機械「薮田式自動醪搾機」を使う方法を指す。伝統的な槽を使う方法に比べて効率的に搾ることができる。

A

【BY】
Brewery Yearの略で、日本酒「酒造年度」を指す言葉。期間は7月1日から翌年6月30日までとなる。前酒造年度に造られた酒はすべて古酒となる。

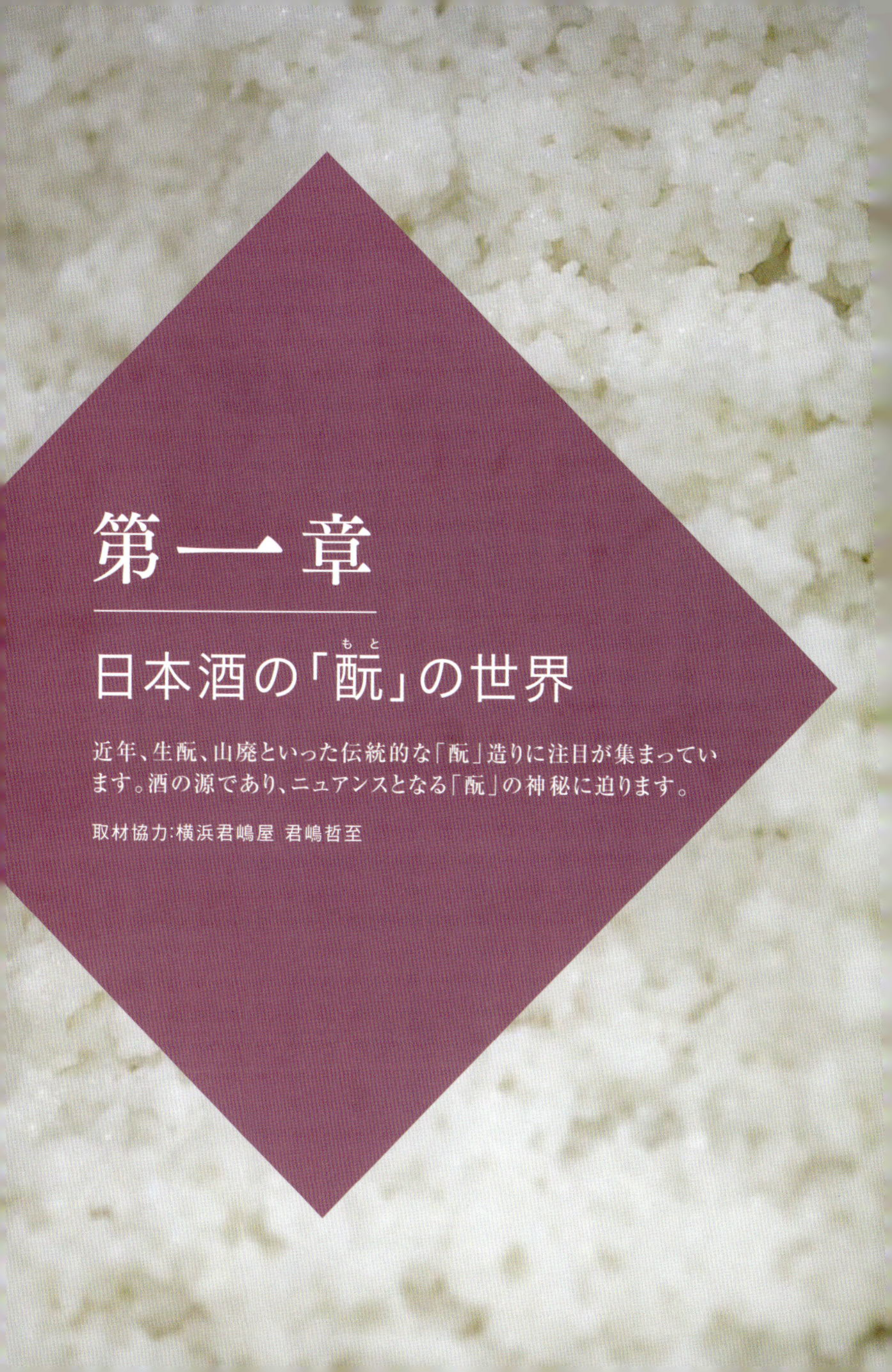

第一章

日本酒の「酛《もと》」の世界

近年、生酛、山廃といった伝統的な「酛」造りに注目が集まっています。酒の源であり、ニュアンスとなる「酛」の神秘に迫ります。

取材協力:横浜君嶋屋 君嶋哲至

生酛とテロワールで醸す日本酒の未来

日本酒ファンから熱い支持を集める横浜君嶋屋。店主の君嶋哲至さんが考える、理想の日本酒を聞きました。

エレガントで繊細 本物の生酛のパワー

現代の日本酒を語る上で欠かせないキーワードとして君嶋哲至さんがまず挙げたのが、生酛による酛（酒母）造りです。

「生酛はこれまでどっしりと重いマニアックな酒として扱われてきました。しかしそれは誤解で、昔は米を磨く技術がなく、精米歩合の低い米が使われていたからです。醸造技術が進歩しても、高精米で小さくなった米をさらに擦《す》る（山おろし）発想は最近までありませんでした。それを変えたのが『惣《そう》誉《ほまれ》』（P46）。純米大吟醸の生酛に取り組むことで、繊細でエレガント、幅広い温度帯で味わえる生酛本来の魅力が広がったのです」

生酛から「山おろし」を省いた山廃は、「生酛系」としてひとくくりにされていました。しかし、その性格は全く別だそうです。

「生酛が繊細なら、山廃は野性味があってワイルド。独特の味わいが、料理と合わせたときのアクセントになります。山廃の酒のおか

PROFILE

君嶋哲至

きみじま・さとし　横浜君嶋屋社長。国内外の酒造に足を運び、和洋酒問わずこだわりの酒を紹介している。目利き力と日本酒に対する情熱は業界屈指。著書も多い。

▶横浜君嶋屋の紹介はP66

げで、ローストや燻製、ジビエなどのパワフルな料理とも合わせられるようになりました」

自然界の乳酸菌を取り込む生酛・山廃に対し、醸造用乳酸を添加して短時間で酛を培養するのが、現在主流の「速醸」です。

「速醸は効率的に酒を造るために開発された方法であり、これによりリーズナブルな酒を安定して提供できるようになりました。すっきりと飲みやすいのも特徴です。速醸も日本酒に欠かせない存在ですが、世界中がナチュラル志向へと進んでいることを考えると、やはり日本酒の未来は『生酛・山廃』にあるのではないでしょうか」

ナチュラルな生酛に取り組む蔵は、年々増加しているそうです。

土地の力こそ、酒の力 テロワールを考える

注目すべきもう1つのキーワードが「酒米」です。君嶋さんは現在、酒米が育つ土地の「テロワール」の研究をしているそうです。

「日本酒業界では酵母や醸造技術の向上ばかり取り上げられますが、私は土地のポテンシャルに注目しています。たとえば、ワインでは味の決め手は〝ブドウの力〟といいますよね。同じブルゴーニュ地方の白ワインでも、日当たりが良くミネラル分豊富な土壌を持つ畑〝モンラッシェ〟では特に素晴らしいワインが造られる。それと同じように、日本酒も酒米の栽培環境を考える必要があるはずです。

一般的に兵庫県の特A地区がいいとされますが、その中でも区画によって条件は異なります。ある程度標高があり、日中は日当たりが良く夜は冷える。カルシウムや粘土鉱物のスメクタイトを多く含む、ミネラル豊富な田んぼが理想です。このような条件で栽培された稲はしっかり根を張り、160cm近くまで倒れずに成長します。とにかく、土壌の力が強いのです。現在、この区画の山田錦は『龍力』や『磯自慢』などで使われています。飲み比べると驚くほど違いを実感できますよ」

「泉橋酒造」（P40）や「秋鹿酒造」（P62）が行う米の自社栽培など、土壌から酒を見直す取り組みは全国の蔵で見ることができます。

兵庫県特A地区・奥吉川《おくよかわ》の特別な区画「奥谷《おくだに》」「金会《きんかい》」で栽培した山田錦は約160cm位まで伸びるという。

土地の力と伝統製法が究極の日本酒を生んだ

生酛とテロワールを組み合わせると、どんな日本酒になるだろう？　そう考えた君嶋さんは、米栽培の先駆者である「龍力」の「本田商店」と協力し、〝究極の酒造り〟に挑戦しました。極限まで栽培条件にこだわった米を精米歩合35％まで磨き、ナチュラルな生酛で醸す。そうして完成した「奥吉川 生酛 純米大吟醸 原酒」（P53）は「ものすごい酒です。上品ながら、濃厚な旨さの余韻がいつまでも続く。日本酒のすごさを改めて思い知らされました」と、感動的な酒になったそうです。

「私の理想の日本酒は、食事を引き立てて、おいしく飲み続けられるものです。そのためには、化学的なものではなく自然に育み、伝統を守って造ってほしい。そういうお酒を応援したいですね」

◆君嶋さんが考える理想の日本酒

テロワール

酒米を栽培する場所の気温や日照時間などの気象条件。土壌の質、過去の農薬の使用歴にまでこだわることで、酒米の質を高める。

×

生酛

乳酸を添加しない伝統的な酛造り。よりピュアでエレガントな酒質になる。なかには酵母すら添加しない蔵も存在する。

⇓

体に負担をかけることなく飲み進めることができる理想的な食中酒。幅広いメニューと相性が良く、食事と酒双方の味を引き立てる。

「酛《もと》」はいかにして生まれるか？

日本酒のアルコールを生み出す〝酒の母〟である酛（酒母）。酛造りのメカニズムを解説します。

タンクの中で起こる微生物の活動

蒸米と麹と水を合わせて造る酛（酒母）。完成までに起きる微生物の動きを見てみましょう。

原料を仕込んだタンクは、自然界のさまざまな微生物がひしめくいわば〝戦国時代〟です。はじめに活躍するのは、低温に強い硝酸《しょうさん》還元菌《かんげんきん》。これが亜硝酸《あしょうさん》を生成して他の雑菌や野生酵母を次々と攻撃します。まるで戦国時代のヒーロー〝織田信長〟のような存在です。温度を徐々に上げていくと、今度は乳酸菌が増殖し、強烈な乳酸で硝酸還元菌や雑菌を排除、タンクの天下統一をする〝豊臣秀吉〟の役割を果たします。しかし、強力な乳酸も酵母だけは倒せません。この微生物同士の不思議な力関係こそ日本酒の神秘。最後に酵母が加わって発酵を行うと、乳酸菌はアルコールによって死滅します。生き残った酵母はまさに〝徳川家康〟。安定してアルコール発酵が可能な太平の世となり、大量の酒を生み出すのです。

◆ 米から酛への流れ

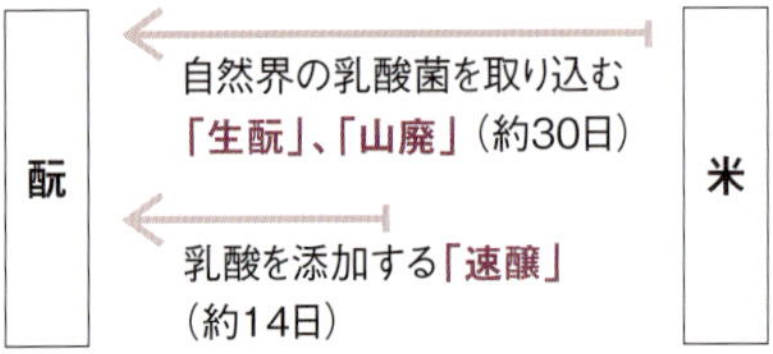

速醸は生酛や山廃で必要な前段階がないので、約半分の日数でできる。

戦国三武将で解説！

酛（酒母）造り、タンク内の微生物戦国時代

米 ＋ 麹

デンプン質

低温環境で静かに様子を見る。「打瀬《うたせ》」という。

活躍するのは…

硝酸還元菌《しょうさんかんげんきん》

米や水から入り込む硝酸還元菌。水に含む硝酸塩を亜硝酸に還元し、それで他の微生物たちを攻撃する。

タンク中の暴れん坊！

例えるなら 織田信長

微生物の勢力

○ 硝酸還元菌、亜硝酸

低温で増殖する。

× 野生酵母

亜硝酸の攻撃によって、数を大きく減らす。

× 雑菌

亜硝酸の攻撃によって、数を大きく減らす。

硝酸反応が見られたら、お湯を入れた器具「暖気《だんき》樽《たる》」を使ってゆっくり加温する。

糖

活躍するのは…

乳酸菌

温度が上がると乳酸菌が活動し、乳酸を生成する。硝酸還元菌や微生物たちは乳酸により全滅する。

天下統一！したはずが…

例えるなら 豊臣秀吉

微生物の勢力

○ 乳酸菌

乳酸を生成。しかし、自ら生成した乳酸で勢力を弱める。

× 硝酸還元菌

× 雑菌

POINT

乳酸菌は、酵母菌だけは退治できない！

硝酸還元菌が死滅したところで酵母を投入する。

アルコール

酛

活躍するのは…

酵母

最後に活躍（添加）するのは、硝酸還元菌に弱いが乳酸に強い酵母。アルコール発酵により、乳酸菌は全滅する。

酒造りの理想の時代が到来！

例えるなら 徳川家康

微生物の勢力

○ 酵母

アルコールを生成する。

× 乳酸菌

アルコールによって死滅。しかし菌の出した乳酸は残り、酒の味となる。

※デンプン質→ブドウ糖→アルコールの「並行複発酵」は、酛（酒母）の完成後、掛け米、麹、水を加える「仕込み」の間にも行われる。

3つの「酛」造り

明治時代、「生酛」の発酵過程が解明されると、効率的な製法が考え出されました。現在は主に3つの「造り」があります。

約30日 生酛

江戸時代に確立した伝統的な手法。麹と蒸米、水を桶に入れて擦り合わせる「山おろし」をすることで、麹菌を均一に米に付着させる。

【山おろし】

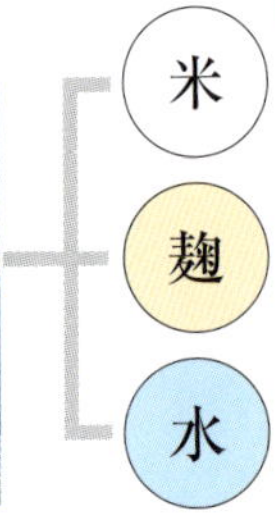

「山おろし」により、麹が米にむらなく付着する。

約30日 山廃

明治時代に誕生した方法。麹を水に溶かした「水麹」を用意し、それを蒸米と合わせる。「山おろし」を省くため「山廃」という。

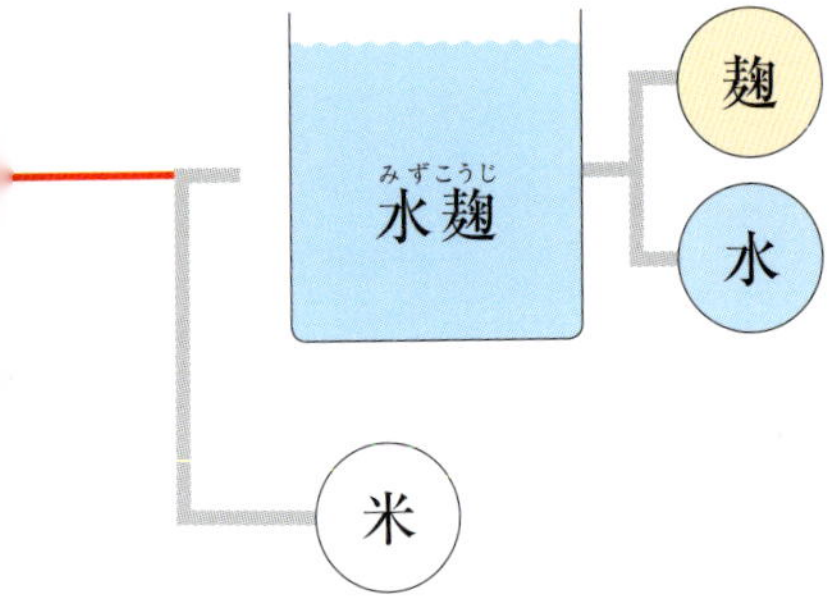

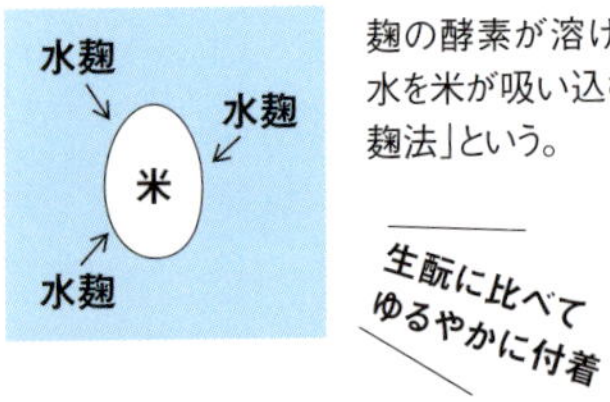

麹の酵素が溶け出した水を米が吸い込む。「水麹法」という。

生酛 …… 時間と手間をかけて酛を造るため、発酵がスムーズ。繊細でエレガントな味になる。

山廃 …… 水麹を使うため、麹と米の付着がゆるやか。野性的でワイルドな味に仕上がる場合もある。

速醸 …… 早く安定して造れるが、衛生管理が重要。すっきりと飲みやすい酒になる傾向。

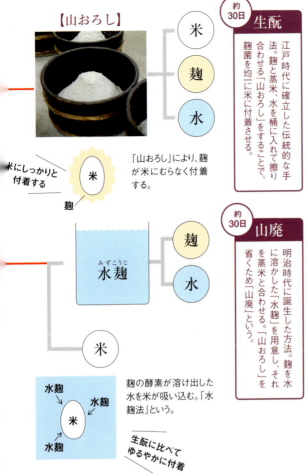

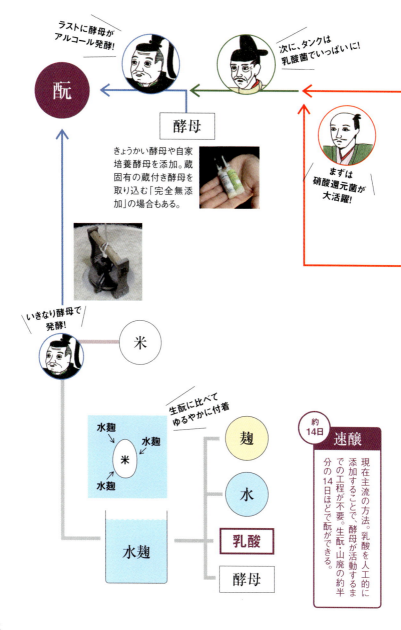

まずは
硝酸還元菌が
大活躍!

次に、タンクは
乳酸菌でいっぱいに!

酵母

きょうかい酵母や自家培養酵母を添加。蔵固有の蔵付き酵母を取り込む「完全無添加」の場合もある。

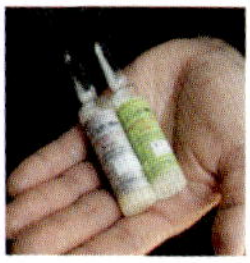

ラストに酵母が
アルコール発酵!

酛

約
14日
速醸

現在主流の方法。乳酸を人工的に添加することで、酵母が活動するまでの工程が不要。生酛・山廃の約半分の14日ほどで酛ができる。

麹
水
乳酸
酵母

水麹

生酛に比べて
ゆるやかに付着

水麹
水麹
米
水麹

米

いきなり酵母で
発酵!

生酛の現場を訪ねて

「生酛」とは、どのような工程で造られるのでしょう？　神奈川県の泉橋酒造の生酛造りを紹介します。

丸2日間を費やす生酛造りの方法

神奈川県の全量純米酒造・泉橋酒造。ここでは、２００９年より生酛造りを行っています。

一般的に、生酛と山廃の違いは原料を木製の櫂棒《かいぼう》で擦り合わる「山おろし」の有無と認識されますが、実はそれだけでなく「**埋《い》け飯《めし》**」「**手酛《てもと》**」という2つの重要な行程が合わさって、初めて「生酛造り」となります。まず山おろしの前日、蒸して溶けやすくなった米を冷やす「埋け飯」を行い、米が潰れることを防ぎます。数時間後、蒸米に米麹、水を加えて混ぜる「手酛」を計3回行います。これらの下準備があって、翌朝ようやく「**山おろし**」がスタート。一連の流れを丁寧に行うことで、米を守りつつ麹だけを潰し、酵素を満遍なく付着させることができるのです。生酛は山廃よりも準備に丸2日分手間と時間がかかる分、より繊細で強い酛となります。次は「泉橋酒造」具体的な生酛の工程を見てみましょう。

泉橋酒造

1857年創業、神奈川県を代表する老舗の酒造。20年ほど前より純米酒造りを開始、2004年に「山廃」、2009年からは「生酛」を導入。地域貢献にも積極的で、一般参加の酒蔵見学ツアーなども行っている。

▶泉橋酒造の商品紹介はP48

「山おろし」の様子。泉橋酒造では昔ながらの木桶、櫂棒で行なっている。

生酛による酛（酒母）造り

1日目朝〜夕方

1 埋《い》け飯《めし》

蒸米後、米を布に包んで、時間をかけてゆっくり温度を下げる。芯の硬い米にすることで、山おろしによって米がのり状につぶれることを防ぐ。

夕方〜2日目朝

2 手酛《てもと》

蒸米に水、米麹を合わせて素手で均一に混ぜる。仕込んだ直後から翌朝まで、合計3回行われる。

2日目朝／昼

3 山おろし

櫂棒という道具で桶に入れた原料を擦り、麹菌を米に満遍なく付着させる。蔵人が2人1組になり、息を合わせてリズムよく行う。1度の山おろしは5分ほどで、朝の「一番櫂」、昼の「二番櫂」と2回行う。

3日目朝

4 酛寄せ《もとよせ》

擦り終わった原料を木桶からタンクに移す。温度管理しながら、「硝酸還元菌」「乳酸菌」「酵母」を順に活動させる。約30日間かけて酛（酒母）ができる。次の「仕込み」では、この「酛」に、米麹、蒸米、水を加えて醪を造る。
※写真はお湯を入れた温度管理の道具「暖気樽」。

土地の味を生かすなら、生酛がいい

泉橋酒造では約20年ほど前から酒米栽培に取り組んでいます。私は、『いい酒とは、いい原料になにも加えずにできる純粋な酒』だと思っています。そのために、減農薬や農薬を使わない栽培など、できる限り自然に近い環境を目指してきました。理想の米で造る酒はやはり伝統の生酛・山廃で醸したい。そんな若手蔵人たちの発案から、まずは山廃に着手し、今は生酛の割合を増やしているところです。

実はそれまで生酛・山廃の違いを意識したことがなかったのですが、いざやってみると全然違いましたね。現場の感覚でいうと生酛は準備期間が長い分、酛になってからの酒造りがスムーズ。逆に山廃のほうが、後々の管理が難しいと思います。

生酛は〝味〟ではなく〝造り〟の1つ。丁寧に生酛を行えば、繊細な味からしっかり奥深い味まで表現できます。現在私たちは生酛、山廃、速醸も行っています。同じ原料でもそれぞれに特徴があります。さまざまな造りでお酒を醸すことが、蔵人として単純におもしろいのです。

● 橋場友一

はしば・ゆういち　泉橋酒造の蔵元杜氏。「酒造りは米づくりから」を標榜し、減農薬や、農薬を使わない酒米栽培・酒造りを行っている。生酛技術への評価は高く、近年の生酛造りの代表格として知られる。

生酛造りで醸した「いづみ橋 桃色黒とんぼ生もと純米酒」「いづみ橋 生もと 黒とんぼ」。

横浜
君嶋屋

君嶋哲至さんが選ぶ
今飲むべき生酛・山廃20選

生酛・山廃にこだわる君嶋さんが心から紹介したい名酒をセレクト。おすすめの飲み方とともに紹介します。

そうほまれ きもとしこみ じゅんまいだいぎんじょう

惣誉
生酛仕込 純米大吟醸

720mℓ

純米大吟醸

使用米：（麹・掛）兵庫県吉川（特A地区）産山田錦
精米歩合：45％
酵母：9号など
アルコール度数：16度
価格：3,000円（720mℓ）、6,000円（1.8ℓ）

◆栃木県
惣誉酒造（そうほまれしゅぞう）
【問合せ】HP問合せフォーム
【URL】sohomare.co.jp/
【購入方法】特約店

君嶋さんの飲み方

和食はもちろん、フレンチのメインなどにも合わせることができるオールラウンダーな酒です。

香り
☑果実タイプ　☐穀物タイプ
弱い ├─┼─┼─●─┤ 強い

味わい・余韻
淡い ├─┼─●─┼─┤ 濃い
甘い ├─┼─┼─●─┤ 辛い
短い ├─┼─┼─┼─● 長い

蔵元のおすすめ
常温 もっともおすすめの温度帯。深みのある香りとエレガントな味を感じられます。
ぬる燗 繊細さは残しつつも、味わいに深みが増します。

コクと洗練さが際立つ 21世紀の進化系生酛

他の蔵に先駆けて、長年生酛造りに取り組んできた老舗蔵・惣誉酒造の純米大吟醸。生酛による深みのある味と、現代の高精米技術が可能にしたエレガントさを併せ持つ、21世紀型生酛を代表する1本。口当たりはソフトで上品、酸味と甘みが織りなす味わいが心地良い。余韻はやや長め。香りを堪能するならば、グラス空間の広いブルゴーニュグラスでぜひ。

✤ その他の主な造り

惣誉 大吟醸
〈大吟醸〉
醸造技術の粋を集めた豪華な1本。華やかな香りと透明感ある味わいが特徴。贈答用に最適。

惣誉 生酛仕込 特別純米
〈特別純米〉
兵庫県特A地区産山田錦を使い生酛で仕込んだ1本。「料理と合わせて旨い」を追求した酒。

720mℓ

昇龍蓬莱

生酛純吟 雄町60 槽場直詰生原酒

純米吟醸

使用米：（麹・掛）岡山県産雄町
精米歩合：60%
酵母：7号
アルコール度数：17度
価格：1,700円（720mℓ）、3,400円（1.8ℓ）

◆神奈川県
大矢孝酒造（おおやたかししゅぞう）
【問合せ】046-281-0028
【URL】hourai.jp/
【購入方法】特約店

君嶋さんの飲み方

はっきりした強い味が特徴なので、ソーセージやハムなど、塩気のあるお肉と合わせてみては。

香り

☑果実タイプ ☐穀物タイプ

弱い ―――― 強い

味わい・余韻

淡い ―――― 濃い
甘い ―――― 辛い
短い ―――― 長い

蔵元のおすすめ

冷蔵 5～10度までしっかり冷やして、ワイングラスでゆっくりと飲んでください。

強さと酸のバランスに優れた生酛仕込の新ブランド

大矢孝酒造の8代目・大矢俊介さんが立ち上げたブランド「昇龍蓬莱」。丹沢水系の伏流水と厳選酒米・雄町を用いて造った「生酛純吟」は、生酛ならではの力強さが特徴。「雄町特有の幅広い味わいと、独特の酸が素晴らしい」（君嶋さん）。こちらもブルゴーニュグラスで、さわやかなリンゴのような香りを楽しみたい。

その他の主な造り

昇龍蓬莱 特別純米
〈特別純米〉
蔵元がリリース時期を見極めながら、1～3年の熟成酒をブレンドするスタンダードな酒。心地良い酸味と熟成感のバランスが抜群。

昇龍蓬莱 純米吟醸 山田錦60 参年熟成酒
〈純米吟醸〉
熱燗にしていただきたい濃厚な熟成酒。やや辛口の通向け商品。

いづみばし ももいろくろとんぼ きもと じゅんまいしゅ

いづみ橋

桃色黒とんぼ 生もと 純米酒

720mℓ

純米酒

使用米：（麹・掛）神奈川県産米
精米歩合：70%
酵母：701号
アルコール度数：16度
価格：1,700円（720mℓ）、3,400円（1.8ℓ）

◆神奈川県
泉橋酒造（いずみばししゅぞう）
【問合せ】046-231-1338
【URL】izumibashi.com/
【購入方法】特約店

君嶋さんの飲み方

塩気のあるお肉と好相性。特にボイルしたソーセージと、同じ温度帯のぬる燗がベストです。

香り
☑果実タイプ　□穀物タイプ
弱い |—●—|—|—| 強い

味わい・余韻
淡い |—|—●—|—| 濃い
甘い |—|—●—|—| 辛い
短い |—|—|—●—| 長い

蔵元のおすすめ
常温 繊細な香りと、優しい酸、キレをほどよく楽しめます。
ぬる燗 常温では閉じていた旨みが開き、長い余韻を楽しめるようになります。

とんぼが住む田んぼで育む 地元・神奈川の生酛

自社栽培や契約農家での栽培にこだわった神奈川県産米を生酛で醸し、〝地元の酒〟を表現した1本。ほのかに立ち上がる繊細な果実の香りと、舌にじんわり染み込む優しい旨み、スッとなめらかにキレていく良質な余韻を楽しめる。ラベルのとんぼは収穫期に田んぼで見られる減農薬栽培の象徴。食事を選ばない万能の食中酒だ。

❖その他の主な造り

いづみ橋
生もと 黒とんぼ
〈純米酒〉
山田錦を使用。麹蓋製麹、袋しぼり、瓶貯蔵による繊細な生酛の味わい。

いづみ橋 恵 青ラベル
〈純米吟醸〉
精米歩合58%のシャープな口当たりと軽い後味が特徴。

まつのつかさ じょうねつ きもとじゅんまいしゅ ひいれげんしゅ

松の司

情熱 生酛純米酒 火入原酒

720mℓ

純米酒

使用米：(麹・掛)滋賀県竜王産山田錦ほか
精米歩合：65%
酵母：無添加
アルコール度数：17〜18度
価格：1,450円(720mℓ)、2,900円(1.8ℓ)

◆滋賀県
松瀬酒造(まつせしゅぞう)
【問合せ】045-251-6880(横浜君嶋屋)
【URL】matsunotsukasa.com/
【購入方法】横浜君嶋屋

君嶋さんの飲み方

松瀬酒造のある滋賀県の竜王町は近江牛が名物。コクのあるお肉の刺身と相性抜群です。

香り

☑果実タイプ ☑穀物タイプ

弱い ├─●─┼─┼─┤ 強い

味わい・余韻

淡い ├─┼─●─┼─┤ 濃い

甘い ├─┼─┼─●─┤ 辛い

短い ├─┼─┼─●─┤ 長い

蔵元のおすすめ

常温 しっかりしたコクと上品なキレ味が感じられます。

ぬる燗 よりなめらかで、香りと旨みが広がります。

熱燗 食中酒として料理と合わせてください。

有機栽培ならではの優しくパワフルな生酛

横浜君嶋屋プライベートブランド「情熱」シリーズ。地下120mから汲み上げる鈴鹿山系愛知川伏流水を仕込み水とし、酒米は有機栽培の山田錦を中心にブレンド。アルコール度は高めだが、力強さの奥に優しい米の味が伝わり、意外なほど飲みやすい。温度帯によって味が変わるため、食中酒としてさまざまな飲み方を試したい。

その他の主な造り

松の司 純米吟醸 AZOLLA
〈純米吟醸〉
浮き草(アゾラ)を活用した無農薬・除草剤不使用の栽培方法で育てた山田錦を使用。非常に上品。

松の司 大吟醸 ultimus
〈大吟醸〉
究極(ラテン語でultimus)の名前を持つ高級ライン。自社保存酵母によるさわやかで奥深い味わい。

たえのはな のぞみ じょうねつ じゅんまいしゅ きもとむろかなまげんしゅ

妙の華

希 情熱 純米酒 生酛無濾過生原酒

720mℓ

特別純米

使用米：（麹・掛）山田錦（無農薬）
精米歩合：70%
酵母：無添加
アルコール度数：17度
価格：1,600円（720mℓ）、3,200円（1.8ℓ）

◆三重県
森喜酒造場（もりきしゅぞうじょう）
【問合せ】（FAX）0595-24-5735／（MAIL）fwkc6398@mb.infoweb.ne.jp
【URL】homepage3.nifty.com/moriki/
【購入方法】横浜君嶋屋

君嶋さんの飲み方

透明感の奥に、どんな料理にも負けない強さがあります。肉じゃがなど、味の濃い料理をどうぞ。

香り

□果実タイプ ☑穀物タイプ

弱い ├─┼─●─┼─┤ 強い

味わい・余韻

淡い ├─┼─┼─●─┤ 濃い
甘い ├─┼─┼─┼─● 辛い
短い ├─┼─┼─●─┤ 長い

蔵元のおすすめ

冷蔵 酸味が引きしまります。
常温 もっとも味がわかりやすい飲み方です。
ぬる燗 人肌程度の温度がおすすめです。

娘を想う家族愛で造る完全無農薬の生酛

夫婦二人三脚で酒造りを行う森喜酒造場が、娘のために特別に醸した横浜君嶋屋オリジナル商品。完全無農薬、酵母無添加にこだわった1本は「奇跡としかいいようのない仕上がり。自然酵母により、他のどの蔵とも異なる味がある」（君嶋さん）。控えめな香りと、軽やかながら滋味深い味は、食事とともにゆっくり味わいたい。

❖ その他の主な造り

妙の華 純米酒
〈純米酒〉
もっとも手頃でスタンダードなライン。冷蔵から熱燗まで、幅広い温度帯で楽しめる。

妙の華 純米大吟醸
〈純米大吟醸〉
山田錦を40%に磨いた大吟醸。香りはやや控えめ、きれいさのなかに飲み飽きしない強さがある。

きょうのはる とくべつじゅんまいきもとなまげんしゅ

京の春

特別純米生酛生原酒

720mℓ

特別純米

使用米：(麹・掛）祝
精米歩合：60%
酵母：6号
アルコール度数：17度
価格：1,800円（720mℓ）、3,600円（1.8ℓ）

◆京都府
向井酒造（むかいしゅぞう）
【問合せ】0772-32-0003
【URL】kuramoto-mukai.jp/
【購入方法】特約店

君嶋さんの飲み方

独特のミネラル感があり、これまでは味が強くて日本酒と合わせづらいとされていた貝類を見事に引き立てます。おすすめは牡蠣や丹後のとり貝。

香り
☑果実タイプ ☐穀物タイプ
弱い ├─●─┼─┼─┼─┤ 強い

味わい・余韻
淡い ├─┼─┼─●─┼─┤ 濃い
甘い ├─┼─●─┼─┼─┤ 辛い
短い ├─┼─┼─●─┼─┤ 長い

蔵元のおすすめ
冷蔵 味わいと酸とのバランスがいい飲み方です。
常温 温度が上がるとより味わいが増します。
ロック よりすっきりと飲めます。

潮騒の聞こえる蔵で造る食事に寄り添う酒

「日本で一番海に近い酒造」として知られる、京都府丹後地方の伊根湾の〝舟屋〟に居を構える向井酒造。ここで造られる特別純米酒は、洋梨のような穏やかな香りと、穏やかな酸、その奥から感じるミネラル感が印象的。雄大な自然と海の幸に恵まれた特殊な環境で生まれた酒とあって、特に食材とのマッチングに優れている。

その他の主な造り

京の春 特別純米山廃
〈特別純米〉
山廃ならではの酸が効いた濃い味。料理ともにじっくり飲み進めたい。

京の春 特別純米酒
〈特別純米〉
純米酒ならではのまろやかで濃厚な米の旨みと、さわやかな後味が特徴。

生酛のどぶ

1.8ℓ

純米酒

使用米：（麹）山田錦／（掛）あきつほ
精米歩合：65%
酵母：7号
アルコール度数：15度
価格：1,525円（720mℓ）、3,050円（1.8ℓ）

◆奈良県
久保本家酒造（くぼほんけしゅぞう）
【問合せ】0745-83-0036
【購入方法】特約店

君嶋さんの飲み方

大量の澱がワインでいうタンニンの役割を果たし、渋みがお肉の味を引き締めます。焼肉の塩、ミノなどのホルモンと一緒にどうぞ。

香り
□果実タイプ　☑穀物タイプ
弱い ―― 強い

味わい・余韻
淡い ―― 濃い
甘い ―― 辛い
短い ―― 長い

蔵元のおすすめ
常温 コクがあるのに、飲むほど清涼感が際立ちます。
熱燗 味わいがまろやかになり、料理の幅が広がります。
炭酸割り 発酵が進んでいるため、割っても香りが損なわれません。

“どぶ”が食事を生かす にごり酒の新しい形

関西圏で絶大な支持を集める久保本家酒造の生酛は、どぶろくのようなにごり酒。粗漉ししただけという真っ白な「どぶ」には甘口のイメージがあるが、意外にもしっとり落ち着いた辛口の酒。香りは控えめで料理の邪魔をせず、落ち着いたコクを楽しめる。飲むほどに清涼感を覚え、さらに二日酔いしづらいという不思議な酒だ。

❖その他の主な造り

睡龍 生酛 純米
〈純米酒〉
アタックは力強く、後味は短めでスカッと飲める。これぞ「男酒」というべき1本。通常5年程度熟成してから出荷しており、長期熟成ならではの味わいのバランス感が絶妙。（P132）

おくよかわ きもと じゅんまいだいぎんじょう げんしゅ

奥吉川

生酛 純米大吟醸 原酒

720mℓ

純米大吟醸

使用米：（麹・掛）兵庫県特A地区吉川町産山田錦
精米歩合：35%
酵母：熊本KA-401
アルコール度数：17度
価格：12,000円（720mℓ）、25,000円（1.8ℓ）

◆兵庫県

本田商店（ほんだしょうてん）

【問合せ】045-251-6880（横浜君嶋屋）
【URL】taturiki.com/
【購入方法】横浜君嶋屋

君嶋さんの飲み方

本当にハイスペックな酒は、素材の味がわかるおつまみがおすすめ。私なら、上質な豆腐にオリーブオイルと岩塩をかけたものと一緒に楽しみます。

香り

☑果実タイプ　□穀物タイプ

弱い　強い

味わい・余韻

淡い　濃い
甘い　辛い
短い　長い

蔵元のおすすめ

冷蔵 ブルゴーニュグラスで潜在能力を引き出してください。

常温 15～20度前後で、ゆっくりと味わってください。

高級ワインを超える！21世紀の日本酒の最高傑作

酒米のテロワールを研究してきた本田商店と横浜君嶋屋がタッグを組んだ限定酒。日本のグランクリュと呼ばれる特A地区・奥吉川のなかでも、さらに金会と奥谷の2区画の山田錦だけで生酛大吟醸を醸造。濃密で自然な果実香に、舌先にすっと染み込む旨みと酸、いつまでもおいしさが続く余韻は、まさに生酛の最高峰だ。

✤その他の主な造り

龍力 特別純米酒 しぼりたて 生原酒
〈特別純米〉
特別栽培米・五百万石を使ったピュアな酒。発酵が続くピチピチした舌触りとすっきりした後味が特徴。

龍力 純米大吟醸 米のささやき
〈純米大吟醸〉
最高級の酒米ならではのさわやかな甘みと酸、膨らみある味わいのバランスが良いフルボディタイプ。

ごくじょうはくたか だいぎんじょうじゅんまい

極上白鷹
大吟醸純米

720mℓ

純米大吟醸

使用米：(麹・掛)兵庫県特A地区
吉川町産山田錦
精米歩合：50%
酵母：9号
アルコール度数：16.0～16.9度
価格：2,500円(720mℓ)、5,000円(1.8ℓ)

◆兵庫県
白鷹(はくたか)
【問合せ】0798-33-0001
【URL】hakutaka.jp/
【購入方法】全国酒販店、通販(hakutaka-onlineshop.jp/)

君嶋さんの飲み方

ぜひお燗にして飲んでください。生酛だから表現できる豊かな味をより強く感じられるはずです。

香り

☑果実タイプ　☐穀物タイプ

弱い ├─┼─●─┼─┤ 強い

味わい・余韻

淡い ├─┼─┼─●─┤ 濃い
甘い ├─┼─●─┼─┤ 辛い
短い ├─┼─●─┼─┤ 長い

蔵元のおすすめ

冷蔵 やや冷やして飲むと、飲み口のキレが冴えます。

常温 キメ細かい味わいが楽しめます。

ぬる燗 旨みが増し、味にボリューム感が出ます。

受け継がれて150年 これぞ本流の生酛造り

伝統の灘酒蔵として知られる白鷹が、最高級の酒米と伝統の生酛造りで醸す「これぞ生酛」というべき渾身の1本。派手な吟醸香とは対極に位置する上品で澄んだ香りに、風格すら感じられる旨みと酸。名水「宮水」を使うことで、腰折れしない凛とした酒質を実現した。トレンドに流されない、日本酒の魅力を再確認させてくれる。

✤その他の主な造り

白鷹 大吟醸
〈大吟醸〉
高精米の山田錦、完全手造りにこだわった最高級品。華やかな香りと柔らかな口当たりが特徴。

金松白鷹
〈特別純米〉
米の旨みがダイレクトに伝わる、強くて重量感あるタイプ。白鷹の代表的な造りの1つ。

じゅうじあさひ きもと みはたのげんきまい ひいれげんしゅ

十旭日
生酛 御幡の元気米 火入原酒

720mℓ

純米酒

使用米：(麹・掛)改良雄町
精米歩合：70%
酵母：無添加
アルコール度数：19度
価格：2,200円(720mℓ)、4,400円(1,8ℓ)

◆島根県
旭日酒造（あさひしゅぞう）
【問合せ】0853-21-0039
【URL】jujiasahi.co.jp/
【購入方法】特約店

君嶋さんの飲み方

一度熱めのお燗にして、少し温度が下がった「燗冷まし」がいいですね。珍味にもよく合います。

香り

□果実タイプ ☑穀物タイプ

弱い ├─┼─●─┼─┤ 強い

味わい・余韻

淡い ├─┼─┼─●─┤ 濃い
甘い ├─┼─┼─●─┤ 辛い
短い ├─┼─┼─●─┤ 長い

蔵元のおすすめ

常温 穏やかな口当たりの後に改良雄町の甘みが広がり、酸の余韻が最後まで続きます。

熱燗 口に含んだ途端旨みが広がります。常温に比べて後キレの良さが魅力的です。

米の世界の扉を開ける出雲の伝統酒

島根県の出雲で、原料から吟味して酒本来の味を追い求める旭日酒造。酒米の生産者にまでこだわった生酛は、コクのあるしっかりしたボディと上質な後味が特徴的。「近年はフルーティなお酒が流行っていますが、十旭日を飲めばそれとは異なる〝米の世界〟が始まります。玄人にこそ飲んでほしい逸品です」（君嶋さん）。

❖その他の主な造り

十旭日 純米酒 五百万石
〈純米酒〉
十旭日シリーズの定番酒。安定感のある熟成度を保つため、酒造年度の異なる酒をブレンドして出荷することも。

十旭日 生酛純米 改良雄町70
〈純米酒〉
アルコール度数14度台と飲みやすい生酛の定番。伸びやかな旨みとほどよい酸味は幅広い料理と好相性。

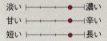

やまとしずく やまはいじゅんまいしゅ

やまとしずく
山廃純米酒

720mℓ

純米酒

使用米：(麹)美山錦／(掛)秋の精
精米歩合：60%
酵母：901号
アルコール度数：15.8度
価格：1,150円(720mℓ)、2,300円(1.8ℓ)

◆秋田県
秋田清酒（あきたせいしゅ）
【問合せ】0187-63-1224
【URL】igeta.jp/
【購入方法】特約店

君嶋さんの飲み方

山菜などの田舎料理が合います。ご家庭でちょっとお燗にするとなおいいですね。

香り
□果実タイプ ☑穀物タイプ
弱い ├─┼─●─┼─┤ 強い

味わい・余韻
淡い ├─┼─┼─●─┤ 濃い
甘い ├─┼─┼─●─┤ 辛い
短い ├─┼─┼─●─┤ 長い

蔵元のおすすめ
常温 なめらかな旨みが感じられます。
ぬる燗 キレの良い酸が冴えわたります。

米の旨みが染み込む 素朴で優しい山廃

伝統の山廃仕込みで醸す素朴で安心できる1本。酒器に注げば落ち着いた穀物香と、ドライフルーツのような香ばしさが立ち上がり、口に含めばグッと深い旨みが広がる。山廃とはいえ野性味はやや抑えめだ。米の味を楽しむなら、体に優しく染みわたる常温〜ぬる燗。お鍋など、懐かしいおふくろの味と一緒に味わいたい。

❖その他の主な造り

やまとしずく 純米大吟醸
〈純米大吟醸〉
華やかで透明感ある香り、酒米・秋田酒こまち由来の柔らかく広がりある味わい。

やまとしずく ヤマトルネード
〈純米吟醸〉
秋田県オリジナル酵母である、秋田酵母No.12使用。鮮やかな香りが楽しめる生原酒。季節限定品。

日輪田
山廃純米酒

720mℓ

純米酒

使用米：（麹）五百万石／（掛）五百万石、美山錦
精米歩合：65%
酵母：7号
アルコール度数：16度
価格：1,300円（720mℓ）、2,600円（1.8ℓ）

◆宮城県
萩野酒造（はぎのしゅぞう）
【問合せ】0228-44-2214
【URL】hagino-shuzou.co.jp/
【購入方法】特約店

君嶋さんの飲み方

魚介類のおつまみと相性が抜群。マグロなど、赤身魚のお刺身と一緒に飲めばたまりません。

香り
☑果実タイプ　□穀物タイプ
弱い ―― 強い

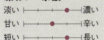

味わい・余韻
淡い ―― 濃い
甘い ―― 辛い
短い ―― 長い

蔵元のおすすめ

冷蔵 ワイングラスに注げばシャープさが際立ちます。

熱燗 一度酒を振って空気に触れさせた後に燗につけると、味が丸くなります。

フレッシュで骨太 山廃の概念を変える酒

君嶋さんが「近年、急成長している蔵の1つ。特に2016年は非常にいい」と注目する萩野酒造。山廃純米酒は、野性味ある香りや強い個性といった従来の〝山廃らしさ〟を極力抑えた、フレッシュな1本。心地良い香りと軽やかな舌触り、その後には骨太な旨みが顔を出す。普段着感覚でカジュアルに嗜みたい酒だ。

その他の主な造り

日輪田 山廃純米大吟醸
〈純米大吟醸〉
同ブランドの最高ライン。軽やかな飲み口と旨みが絶妙で飲み飽きしない。

日輪田 山廃純米生原酒
〈純米酒〉
季節限定酒。生原酒ならではのフレッシュ感、ジューシーな果実味がある。

きみのい ほんじょうぞうやまはいじこみ むろか どぞうじゅくせい

君の井

本醸造山廃仕込 無濾過 土蔵熟成

本醸造

使用米：(麹・掛)越淡麗
精米歩合：62%
酵母：10号
アルコール度数：15.5度
価格：2,240円(1.8ℓ)

◆新潟県
君の井酒造（きみのいしゅぞう）
【問合せ】0255-72-3136
【URL】kiminoi.co.jp/
【購入方法】特約店

君嶋さんの飲み方

個人的にはお燗にしたいですね。裏技ですが、イマイチな酒にこの銘柄をちょっと加えるとおいしくなります。シャンパンのリザーブワインのようになる不思議な酒です。

香り
□果実タイプ ☑穀物タイプ
弱い ├─●─┼─┼─┤ 強い

味わい・余韻
淡い ├─┼─┼─●─┤ 濃い
甘い ├─┼─●─┼─┤ 辛い
短い ├─┼─┼─●─┤ 長い

蔵元のおすすめ
冷蔵 酒本来の味わいを楽しめます。
ぬる燗 山廃ならではのコク、熟成による深みがより広がります。

1.8ℓ

芳醇な旨みとアル添の軽さ！これぞハイブリッド山廃

山廃造りによる野性味ある旨みに、本醸造のアルコール添加によって軽やかさとキレの良さをプラス。さらに米の旨みを追求するべく、完成した酒は風や光を遮断した土蔵で徹底管理。熟成期間を経ることで角が取れて丸みと深みを生み出した、唯一無二のハイブリッド山廃。和・洋・中とメニューを選ばない全方位型の食中酒だ。

✤その他の主な造り

君の井 普通酒
〈普通酒〉
地元で長く愛される看板商品。飲み飽きしない旨みがある。

君の井 大吟醸
〈大吟醸〉
フルーティな香りと、柔らかな口当たりで女性ファンも多い。

てんぐまい やまはいじゅんまいだいぎんじょう

天狗舞
山廃純米大吟醸

1.8ℓ

純米大吟醸

使用米：(麹・掛)山田錦
精米歩合：45%
酵母：自家培養酵母
アルコール度数：16度
価格：3,000円(720mℓ)、5,000円(1.8ℓ)

◆石川県
車多酒造（しゃたしゅぞう）
【問合せ】076-275-1165
【URL】tengumai.co.jp/
【購入方法】特約店

君嶋さんの飲み方

割烹料理などを合わせたいですね。脂ののった「のどぐろ」がぴったりです。

香り

□果実タイプ ☑穀物タイプ

弱い ├──┼──●──┼──┤ 強い

味わい・余韻

淡い ├──┼──┼──●──┤ 濃い
甘い ├──┼──┼──●──┤ 辛い
短い ├──┼──┼──●──┤ 長い

蔵元のおすすめ

冷蔵 軽く冷やせば、きりりと引きしまった味になります。

ぬる燗 35〜40度の温度帯では芳醇でなめらかな味になります。

飲むほどに旨い 山廃名蔵の看板商品

古くから山廃造りに取り組んでいる車多酒造が手がける純米大吟醸の酒。味わいは繊細にして濃厚。舌の上で転がせば、米の味がしっかりと伝わり、さわやかなのどごしとともに、ゆっくり余韻が引いていく。杯を重ねるほどに旨みが舌にのってくる、極上の山廃だ。豆腐や白身魚など、淡白な料理をおつまみにいただきたい。

その他の主な造り

天狗舞 純米大吟醸 TENGUMAI
〈純米大吟醸〉
幻の酒米・赤磐雄町を35%まで磨いた贅沢な1本。(P94)

天狗舞 純米大吟醸 50
〈純米大吟醸〉
熟成を抑えた軽やかなタイプ。軽妙な旨みと心地良いのどごしが印象的。

きくひめ つるのさと

菊姫
鶴乃里

720mℓ

純米酒

使用米：（麹・掛）兵庫県特A地区吉川町産山田錦
精米歩合：65％
酵母：自家培養酵母
アルコール度数：16度以上17度未満
価格：2,000円（720mℓ）、4,000円（1.8ℓ）

◆石川県
菊姫（きくひめ）
【問合せ】076-272-1234
【URL】www.kikuhime.co.jp/
【購入方法】菊姫会会員店

君嶋さんの飲み方

私は常温からぬる燗までを試しています。米の甘みが凝縮されているため、おつまみはうなぎの蒲焼がいいです。

香り
☐果実タイプ ☑穀物タイプ
弱い ―●――― 強い

味わい・余韻
淡い ―――●― 濃い
甘い ―●――― 辛い
短い ―●――― 長い

蔵元のおすすめ
冷蔵 穏やかな旨みと酸、後味のキレを楽しめます。ワイングラスがおすすめです。
ぬる燗 熱燗 旨みやコクが引き立ち、じっくりと味わえます。

力強さと繊細さ 世界のチャンピオン・サケ

特A地区の山田錦だけを原料に、改良を繰り返してたどり着いた理想的な山廃造りで醸す1本。乳酸飲料を連想する甘い香りに、米由来の力強さ、小量仕込みによるきめ細かさを備えた1本。IWC（インターナショナル・ワイン・チャレンジ）「SAKE部門」で、2007年に初代のチャンピオン・サケを受賞した、世界に誇る日本酒だ。

✤その他の主な造り

菊姫 大吟醸
〈大吟醸〉
洗練された大吟醸を熟成し、深い旨みとまろやかな風味を実現した。

菊姫 山廃純米
〈純米酒〉
濃厚で旨み、酸味が効いた飲みごたえたっぷりな「男酒」。

さくのはな やまはいじゅんまいげんしゅ みやしたまい

佐久の花
山廃純米原酒 宮下米

720mℓ

純米酒

使用米：（麹・掛）コシヒカリ（不耕起栽培）
精米歩合：60%
酵母：6号
アルコール度数：17度
価格：1,500円（720mℓ）、2,800円（1.8ℓ）

◆長野県
佐久の花酒造（さくのはなしゅぞう）
【問合せ】0267-82-2107
【URL】sakunohana.jp/
【購入方法】特約店

君嶋さんの飲み方

信州佐久地域は水がきれいで、鯉の産地として有名。そこで造る「佐久の花」は、ワイルドな鯉の甘露煮を肴に飲みたいですね。

香り

☑果実タイプ ☐穀物タイプ

弱い |—●—+—+—+—| 強い

味わい・余韻

淡い |—+—+—+—●—| 濃い
甘い |—+—+—●—+—| 辛い
短い |—+—+—●—+—| 長い

蔵元のおすすめ

常温 全体のバランスが最もよくわかります。

ぬる燗 甘みが強調され、柔らかさが出ます。

自然のパワーが生み出す 圧倒的な飲み心地

人の手を一切加えない自然農法「不耕起栽培」で育てたコシヒカリ（宮下米）を原料に、自然の力のみで造った純米酒。香りはピュアで穏やか、山廃仕込みでありながら、透明感のある舌触りと上品な旨みがあり、甘み、辛み、酸味などすべてのバランスが秀逸。食中酒として嗜めば、知らぬ間に杯が進んでしまうほど心地良い。

❖その他の主な造り

佐久の花 大吟醸原酒
〈大吟醸〉
香り高く、旨みが強いタイプ。

佐久の花 辛口純米
〈純米酒〉
荒さがなく、熱燗にしても崩れない味。

あきしか やまはい じゅんまいむろかなまげんしゅ やまだにしき

秋鹿

山廃 純米無濾過生原酒 山田錦

720mℓ

純米酒

使用米：(麹・掛)山田錦
精米歩合：70%
酵母：7号
アルコール度数：18度
価格：1,600円(720mℓ)、2,900円(1.8ℓ)

◆大阪府
秋鹿酒造（あきしかしゅぞう）
【問合せ】072-737-0013
【購入方法】特約店

君嶋さんの飲み方

常温もいいですが、お燗にするとさらに旨い。鹿肉など、ワイルドすぎないジビエが合います。

香り
□果実タイプ　☑穀物タイプ
弱い ├──●──┤ 強い

味わい・余韻
淡い ├────●─┤ 濃い
甘い ├────●─┤ 辛い
短い ├────●─┤ 長い

蔵元のおすすめ
常温 まずは酒本来の旨みを味わってください。
熱燗 角が取れて、より旨みが開きます。
燗冷まし よりまろやかさが感じられます。

大阪の頑固蔵による透明感ある山廃仕込み

約20年前から無農薬の山田錦栽培に着手し、現在は籾《もみ》・米ぬか・酒粕を肥料とする「循環型無農薬有機栽培」を実践する秋鹿酒造。土から丁寧に造り上げる山廃は、乳酸系の香りと独特の酸、濃厚な米の旨み、力強さがありながらも決して重すぎないクリアな酒質。常温はもちろん、さまざまな温度帯で異なる味わいを楽しめる。

❖その他の主な造り

秋鹿 純米大吟醸 一貫造り
〈純米大吟醸〉
限定生産品。豊かな酸と旨みを楽しめる。

秋鹿 大辛口 純米吟醸 無濾過生原酒
〈純米吟醸〉
旨みとキレがある辛口の男酒。

花巴

山廃純米 無濾過生原酒

720mℓ

純米酒

使用米：（麹・掛）雄町
精米歩合：70%
酵母：無添加
アルコール度数：17度
価格：1,500円（720mℓ）、3,000円（1.8ℓ）

◆奈良県
美吉野醸造（みよしのじょうぞう）
【問合せ】0746-32-3639
【URL】hanatomoe.com/
【購入方法】特約店

君嶋さんの飲み方

ジビエに合わせるための酒といっても過言ではありません。特にワイルドな野生のカモがいいですね。

香り

☑果実タイプ ☐穀物タイプ

弱い |—+—+—+—●—| 強い

味わい・余韻

淡い |—+—+—+—●—| 濃い
甘い |—+—+—●—+—| 辛い
短い |—+—+—+—+—●| 長い

蔵元のおすすめ

常温 上質な酸と米の旨みが感じられます。
熱燗 お好みで、どの温かさにしても楽しめます。
燗冷まし 輪郭を保ちながらも、優しく柔らかに仕上がります。

稀少な古来製法が野生の強さと優しさを生む

奈良の美吉野醸造は、酵母を添加せず、あえて過酷な環境で醸すことで力強さと優しさが調和した〝酸〟を楽しむ酒を造る伝統の蔵。中でも山廃純米は熟れた果実のような香りと、極限まで引き出したワイルドな酸、どっしりしたボディの酒。クラシカルな酒造りだからこそ、温度帯を気にせずに食中酒として楽しめる。

✤ その他の主な造り

花巴 水酛 純米 無濾過生原酒
〈純米酒〉
室町時代の伝統手法による1本。乳酸飲料のような個性的な酸がインパクト大。（P130）

花巴 速醸純米酒
〈純米酒〉
速醸で酵母無添加という珍しいタイプ。軽やかな酸、鋭いキレと強い旨みがある。

おくはりま やまはいじゅんまいすたんだーど

奥播磨
山廃純米スタンダード

720mℓ

純米酒

使用米：(麹・掛)兵庫夢錦
精米歩合：55%
酵母：7号
アルコール度数：16.5度
価格：1,312円(720mℓ)、2,625円(1.8ℓ)

◆兵庫県
下村酒造店（しもむらしゅぞうてん）
【問合せ】0790-66-2004
【URL】okuharima.jp/
【購入方法】特約店

君嶋さんの飲み方

私の好みはお燗ですね。奥播磨の辺りはイノシシが獲れるので、ジビエのソテーと一緒に楽しみたい。

香り

□果実タイプ ☑穀物タイプ

弱い ├─┼─●─┼─┤ 強い

味わい・余韻

淡い ├─┼─┼─●─┤ 濃い
甘い ├─┼─●─┼─┤ 辛い
短い ├─┼─┼─┼─● 長い

蔵元のおすすめ

冷蔵 酸の美しさが一層映えます。
ぬる燗 柔和な面立ちになります。
熱燗 ほのかな酸と旨みが重なります。

甘みと酸味のハーモニー 見事な構成力に脱帽

山林に囲まれ、上質な山田錦の産地に構える下村酒造店。「山廃純米スタンダード」は、米由来の素朴な香りが心地良く、口に含めばどっしりとした腰の強さを感じられる。さらに中盤からは柔らかな甘みが顔を出し、次に出てくるやや強めの酸が複雑な味わいを見事にまとめていく。すき焼きや甘露煮など、濃厚な料理とも相性抜群だ。

その他の主な造り

奥播磨 芳醇超辛スタンダード
〈純米吟醸〉
旨みを残したまま辛口に仕上げた新タイプ。甘み、旨み、コクを楽しめる。

奥播磨 純米大吟醸 伝授
〈純米大吟醸〉
山田錦本来の膨らみある香りと、深い味わいが存分に味わえる。

よろこび がいじん じゅんまいしゅ やまはいみやまにしき むろかなま

1.8ℓ

悦 凱陣

純米酒 山廃美山錦 無ろ過生

純米酒

使用米：（麹・掛）美山錦（無農薬）
精米歩合：70%
酵母：無添加
アルコール度数：18.2度
価格：3,400円（1.8ℓ）

◆香川県
丸尾本店（まるおほんてん）
【問合せ】0877-75-2045
【購入方法】特約店

君嶋さんの飲み方

酒自体が濃厚な万能タイプ。繊細なものからワイルドなものまで、お肉料理全般に合います。

香り
□果実タイプ ☑穀物タイプ
弱い ―――― 強い

味わい・余韻
淡い ―――― 濃い
甘い ―――― 辛い
短い ―――― 長い

蔵元のおすすめ
飲み方は自由。お好きな温度でお試しください。

✤その他の主な造り

悦 凱陣 純米吟醸
讃州山田錦
〈純米吟醸〉
白ワインを思わせる上質な酸と旨みのバランスが良い。豊かなボリューム感で食中酒に最適。

悦 凱陣 純米大吟醸
〈純米大吟醸〉
高精米ならではの繊細な味わい。熟した果実のような吟醸香と、米の旨み、膨らみを感じられる。

無農薬、酵母無添加による「ものすごい」濃厚さ

讃岐の満濃水系伏流水を用いて、酒米ごとにさまざまな造りを実践する手造り蔵。無農薬の美山錦を用いたこの1本は、君嶋さんも絶賛の仕上がり。「無農薬、酵母無添加の山廃は濃厚な味になる傾向があるが、特にものすごい。美山錦とは思えないほどの濃厚さです」。製造数が少ないので、目にしたらぜひ手に取りたい。

監修店舗紹介

横浜君嶋屋《よこはまきみじまや》

日本酒を愛し、日本酒を育てる〝情熱〟の酒販店

1892年創業の老舗酒屋。大衆酒メインの立ち飲みスタイルでしたが、4代目の君嶋哲至さんが一念発起して大リニューアル。世界中を訪ね歩き、自らの舌で選んだ和酒・洋酒を展開する「情熱の酒店」として、全国の飲兵衛や、酒造関係者から熱い支持を集めています。

日本酒では特に酒米の栽培、伝統製法の蔵を特に応援しており、君嶋さんの想いに共感した蔵が特別に醸す「情熱シリーズ」も大好評です。上質な日本酒を若い世代に紹介するため、東京・銀座ではバースタイルの店舗を展開。2016年4月15日には恵比寿店をオープン。

SHOP DATA

横浜君嶋屋
所 神奈川県横浜市南区南吉田町3-30
☎ 045-251-6880
時 10:00〜20:00
休 日曜、不定休

銀座君嶋屋
所 東京都中央区銀座1-2-1紺屋ビル1F
☎ 03-5159-6880
時 10:30〜21:00（土曜〜20:00、日曜祝日〜19:00）※バーLOは閉店30分前
休 無休

恵比寿君嶋屋
所 東京都渋谷区恵比寿南1-6-1アトレ恵比寿西館4F
☎ 03-5475-8716
時 10:00〜21:30
※バーLOは閉店30分前
休 施設に準ずる

URL kimijimaya.co.jp/

第二章

老舗デパートに学ぶ 日本酒の「選び方」

ずらりと並んだ日本酒の中から、今欲しい1本に出合うには?
和洋酒バイヤー・小幡尚裕さんから“選び方”を学びます。

取材協力:三越伊勢丹 和洋酒バイヤー 小幡尚裕

伊勢丹バイヤーが教える日本酒を「選ぶ」方法

厳選された和酒が並び、和酒ファンを魅了する伊勢丹新宿店「粋の座」。第一線で活躍するバイヤーに、日本酒の選び方を聞きました。

PROFILE

小幡尚裕

おばた・なおひろ　三越伊勢丹和洋酒バイヤー。確かな知識と感性に基づくセレクトを得意とする。酒の香りや味わいから色を想起する「Nippon IRO SAKE Project」を立ち上げるなど、日本酒の新たな可能性を発信中。

▶伊勢丹新宿店和酒販売コーナー「粋の座」の紹介はP102

日本酒選びのキーワード

シーン （▶P76）

人と一緒に酒を飲むとき、酒を贈るときに気をつけたいポイント。

季節 （▶P74）

四季を通して、味も飲み方も変わる日本酒ならではのセレクト基準。

地域 （▶P72）

日本酒を選ぶ際、最初に着目したい点。ここから味わいが推測できる。

日本酒の楽しみは「選び方」から始まる

全国には約１６００蔵もの酒蔵が存在するとされ、さまざまな銘柄の日本酒が造られています。種類豊富な上、香りや味わいといった個性も豊かなことから、何を基準に選べばよいか迷ってしまう人は多いのではないでしょうか。そこで、酒選びのプロである三越伊勢丹洋和酒バイヤー・小幡尚裕さんに、日本酒をより楽しむための選び方を教えてもらいました。

セレクト基準として挙げられるのが、「地域」「季節」「シーン」です。まず、日本酒の味わいを知るための目安となるのが、「地域」と「季節」。伊勢丹新宿店の和酒販売コーナー「粋の座」でも、この2つを軸に売り場を構成しています。その次に、どのような「シーン」で酒を飲むかを考えて、具体的な銘柄に絞り込みます。自分一人で飲むのか、誰かと一緒に飲むのかというところでも、選ぶ日本酒は変わってくるのです。

これら3つのポイントを押さえておけば、好みの日本酒に出合える確率はぐっと上がります。さらに、味の違いや自分の好みがわかってきたら、ラベルに書かれた仕様を読み解いたり、食事とのペアリングを考えたりという選び方もできるようになります。

こうして知識を身につけるほどに、日本酒の楽しみ方はどんどん豊かなものになっていくでしょう。

商品によっては桐箱に入ったものもあります。フォーマルな贈り物をする際には、包装にも気を遣ってみましょう。

「贈り物」としての日本酒の選び方

日本酒選びのもう一つの視点として「贈り物」があります。「日本酒を贈る」というと、お歳暮などかしこまった場面を連想しがちですが、日本酒の種類の豊富さを生かせば、フォーマルからカジュアルまで、さまざまなシーンで喜ばれることでしょう。

日本の土地や四季と強く結びついていることから、贈る相手の趣向に合わせやすいというのも、日本酒ならではの強みです。セレクトの基準となるのは、自分用の酒を選ぶときと同じく、「地域」「季節」「シーン」の3つ。

フォーマル寄りの贈り物をするなら、地域をベースに選ぶのがおすすめです。相手の出身地など、思い入れのある地域で造られた酒を選ぶといいでしょう。加えて、そのとき旬の酒を選べば、その地域での思い出がより鮮やかによみがえるはずです。このように、酒を通じて一層豊かなコミュニケーションを交わすことができます。

友人へのカジュアルなプレゼントの場合は、相手が飲んだことのなさそうな酒を選んでみるのもいいでしょう。「どんな酒なんだろう？」という期待感から会話が広がります。

こうして多様な視点から楽しむことができる「日本酒選び」。72ページから、各視点での選び方を詳しく解説していきます。

日本酒を買うならどこがいい？

酒選びの第一歩は店選びから

日本酒が買えるお店は、大きく酒販店、百貨店、ネットショップに分類されます。それぞれの特徴を知って使い分けましょう。

酒販店は店の規模によって特徴が異なります。「町の酒屋さん」は気軽さ・親しみやすさが、「大規模酒販店」は種類豊富なラインナップがそれぞれ魅力的。

また、百貨店の特徴には、店舗展開の規模を生かしたオリジナル商品などがあります。ここでしか手に入らない「限定品」を探すなら、百貨店の酒販コーナーがおすすめです。

どちらも専門知識を持ったスタッフからアドバイスがもらえるのがうれしいポイント。新しい酒と出合うには、実店舗を訪れての情報収集が大切です。

その際に注目したいのが、酒の管理方法。酒の種類によって常温・冷蔵など管理方法を変えているのが、誠実な販売店と判断できます。

対して、ネットショップはどこでも酒を購入できるのが強み。あらかじめ欲しい銘柄が決まっているなら、ネットショップを使うのも便利です。

◆酒販店

プロのアドバイスを聞きながら選べるのは実店舗ならでは。スタッフのこだわりなどを聞くことで、日本酒通に近づける。店舗ごとの個性の違いもあるので、いろいろなお店に通ってみよう。

◆百貨店

カジュアルなものから桐箱入りの高級酒まで幅広く揃い、贈り物を選ぶのに向いている。また、ビギナー向けの日本酒イベントなどが行われることもあるので、日本酒に興味が湧いたらまず訪れてみたい。

◆ネットショップ

自宅にいながら、日本全国の酒を簡単に探し出して購入できるため、利便性と確実性を求める人におすすめ。ただし、製造年月日や送料など確認が必要なポイントも多い。

理想の1本の選び方①

地域と味の関係を知る

日本酒を選ぶ際にまず注目したいのが、その酒が造られた地域。どのような関係性があるのか見てみましょう。

銘柄に頼らず 地域を味わうセレクトを

日本には地域ごとにさまざまな風土や文化があります。そして、地域ごとの特色がその地域で造られている日本酒の個性として表れてきます。

酒造りにおいては米や水、気候といった風土的な要素が味に大きく影響を与えます。裏を返せば、酒の味からその地域の個性を感じることができるのです。例えば寒冷な気候を生かした「寒造り」ができる地域では、熟成期間をしっかりおいたふくよかな味わいの酒が造られたり、水質が柔らかい地域では雑味のない酒が造られたりといった傾向が見られます。もちろん、蔵ごとの酒造りの方針などもあるので「この地域はこの味」と言い切ることはできませんが、酒を選ぶ上での大きな指針となるはずです。「粋の座」でも、「北海道・東北」「関東甲信越」「中部・近畿」「中国・四国・九州」と、地域別で酒を選びやすいように棚のセグメントが行われています。

また、地域の食文化も酒の味に影響を与えています。料理の味付けが濃い地域では、料理に負けない濃口で旨みの強い酒が造られる傾向があります。つまりその地域の料理や名産との相性がいい酒が多く造られるのです。この考え方はフードペアリングにも応用することができます。

近年では地域や蔵主導で開発した米や酵母を使った酒造りも盛んに行われるようになっており、地域と日本酒の関係性は、ますます深まっています。

地域から見える日本酒の個性

地域ごとの酒の特色を紹介します。
大まかな特徴をつかんでおけば、
酒選びのポイントとして役立ちます。

北海道・東北

寒さを生かした酒造り

酒造りに適した寒冷な気候の中でじっくりと熟成させた、旨みの強い酒が多い。味付けが濃いめの地元料理と好相性。

代表的な銘柄

やまとしずく、雪の茅舎、七福神、出羽桜、会津娘、大七など

中部・近畿

日本トップの生産地

吟醸酒の銘酒が揃う静岡、古くからの酒どころ京都、兵庫を擁する。「灘の男酒、伏見の女酒」というように水質が生きた酒造りで有名。

代表的な銘柄

小左衛門、醸し人九平次、七本鎗、龍力、花巴、秋鹿、達磨正宗など

関東甲信越

個性豊かな酒の競演

内陸部はフルーティな味わいの酒が多く、日本海側は淡麗辛口の名産地として知られるなど、バラエティ豊かな地域。

代表的な銘柄

いづみ橋、天狗舞、昇龍蓬莱、惣誉、君の井、菊姫、来福など

中国・四国・九州

独自の日本酒文化が開花

香味バランスのとれた甘みのある酒が多い。焼酎麹を使うなど、日本酒以外の酒造りの技術を取り入れて作られた個性的な銘柄も。

代表的な銘柄

石鎚、十旭日、悦 凱陣、櫻室町、独楽蔵、竹鶴、鍋島、旭菊など

理想の1本の選び方②

季節の移ろいを味わう

季節ごとに違った表情を見せる日本酒。日本酒の旬を知ることで、より粋な酒の楽しみ方ができるようになります。

季節ごとに変わる日本酒の選び方

一年を通して流通している日本酒ですが、「旬」や「季節」を基準としたセレクトも可能です。

まず、注目したいのが季節ごとに発売される「旬」の酒。10月に日本酒造りがスタートすると、11月ごろから「しぼりたて」と呼ばれる新酒が出始めます。そして、2月から「鑑評会用新酒」、5月に「夏酒」、9月には「ひやおろし」と、それぞれ違った味わいの日本酒が店頭に並びます。

次に、「旬の料理」もセレクトの基準になります。例えば、味付けが濃い冬の料理には、口の中をすっきりさせる新酒を合わせたりできると、選び方の幅が広がります。さらに、寒い季節には燗酒、暑い季節にはよく冷えたスパークリング、というように「季節とマリアージュ」させるストレートな選び方も魅力的。

「旬」を意識して選ぶことで、日本酒が持つ豊かな表情を存分に味わうことができます。

粋の座では、週替わりで旬の日本酒を紹介。季節ごとの酒の楽しみ方を提案しています。

時季別 今飲みたい日本酒

11月	しぼりたて新酒	10月に仕込んだ醪を搾った、その年最初の新酒。フルーティで華やかな香りとフレッシュな飲み口が特徴。出始めの新鮮な時期に味わいたい。
12月	にごり酒	醪を荒く漉して澱を残した酒。通常より濃厚な味わいが特徴。生酒を瓶詰めした微発泡のものが多いが、日持ちする火入れタイプも増えてきている。
1月	燗酒	寒さが厳しい時季には、温度帯を変えて楽しめる酒を選んでみよう。一般的に、旨みが強く香りが穏やかなものが燗酒向きとされている。
2〜4月	しぼりたて（上級酒）	1月の鑑評会に向けて造られた上級酒のしぼりたてが市場に出回るのがこの時期。期間も量も限られているので、季節感をより強く感じられる。
5月	生貯蔵酒	生酒を火入れせずに貯蔵し、瓶詰時に一度だけ火入れを行った酒。生酒のフレッシュさを残しつつ、落ち着いた飲み口が初夏の気候によく合う。
6月	低アルコール酒 どぶろく	冷えた酒をグイグイ飲みたい季節には、アルコール度数が低めの酒がおすすめ。日本酒のイメージを覆す軽くさわやかな口当たりが女性にも人気。
7〜8月	スパークリング清酒	暑い盛りには、きりっと冷えたスパークリング清酒をワイングラスで。チーズや生ハムなど洋風のおつまみとも相性が良く、パーティーシーンに最適。
9月	ひやおろし	春先に搾られた新酒を夏の間に熟成させることで、まろやかな味わいに仕上がる。月を追うごとに熟成が深まり、味わいが変わるのを楽しんで。
10月	熟成酒 山廃造り	熟成酒と山廃造り、それぞれタイプは違うものの、どちらも存在感のある味わいが特徴。旨みの強い秋の味覚と合わせていただきたい。

理想の1本の選び方③

日本酒で場を華やげる

いつ、誰と飲むかで日本酒の選び方は変わります。どんなシーンにも対応できるセレクトテクニックを紹介します。

正しい選び方を知れば どんなシーンも怖くない

誰かと一緒に酒を飲むことになったとき、どんな酒を選べばいいのか迷ってしまうという人は少なくありません。

好き嫌いが分かれるというイメージから、日本酒は一緒に飲む相手を選ぶと思われがちですが、最近ではアルコール度数の低いものやスパークリングタイプといったバリエーションも増え、さまざまなシチュエーションに合わせやすくなってきています。

シーンの捉え方としては、「いつ（デイリーかスペシャル）」「どんな（パーソナルかオフィシャル）」の2軸を立てると考えやすくなるので、左ページのマトリクス図を参考にしてみてください。

具体的な例を挙げると、上司や恩師のような目上の人との酒席の場には、洗練された旨みの純米大吟醸がおすすめ。日本酒を飲みなれた相手にも満足してもらえるでしょう。5000円以上のものを選ぶなど、価格帯への目配りもできていると理想的です。

友人との気軽な飲みの場には、注目の若手蔵のものなど話題性があるものを。酒をきっかけに話題も広がります。恋人や気になる異性との食事には、白ワインを思わせる酸が強めのものをワイングラスでいただけば、ロマンチックなムードを演出してくれます。

また、引っ越し祝いなどめでたい場には、華やかなパッケージの大吟醸が好適。ビジュアルも考慮に入れて選ぶことで、一層その場を華やげることができます。

シーン別　セレクトマトリクス

飲むシーンを考えて「いつ」「どんな」という
2つの軸で考えると日本酒は選びやすいでしょう。

オフィシャル

敬意が伝わる酒を

フォーマルな贈り物は、失礼のないよう値段や包装などへの気遣いも大切に。

例:目上の人への贈り物に（▶P82～85）

話題性に注目

友人と気軽に飲み交わすなら、飲んだことのない酒を選んで、会話の円滑剤に。

例:気心の知れた友人と（▶P86～89）

華やかさで注目を集めて

おめでたい場には華やかな酒を。思い切って金箔入りのものを選んでも◎。

例:祝いの場への手みやげに（▶P94～97）

デイリー

スペシャル

少し気取ったセレクト

親しい人と特別なときを過ごすなら、上質かつさわやかな酸を感じる酒がぴったり。

例:恋人と一緒に（▶P98～101）

お手頃感がポイント

デイリー用には、飲みやすく値段も手頃な純米酒を。晩酌向きの食中酒がおすすめ。

例:毎日の晩酌に

一人で味わう贅沢さ

飲み続けられるまろやかさをポイントに、好みの銘柄の大吟醸クラスを。

例:自分へのご褒美（▶P90～93）

パーソナル

理想の1本の選び方④

ラベルを読み解く

瓶の正面と裏面に貼られたラベルに書かれた細かい文字。この読み解き方がわかると、お酒選びの大きな目安になります。

ラベル情報から味わいを予測する

日本酒のラベルには銘柄名や精米歩合など、さまざまな情報が記載されています。これらの読み解き方を知れば、日本酒の味を大まかに推測できるようになります。

ただし、ラベルの情報量は銘柄によって異なります。そこからは「造りのこだわりを知ってほしい」もしくは「情報にとらわれずに味わってほしい」といった酒蔵の方針を伺い知ることができるのです。

肩ラベル

酒蔵が一番打ち出したいことが書かれている。米の種類や造りを記載することが多い。

表ラベル

日本酒の顔たる銘柄、酒蔵名が表記されている。デザインのテイストからも酒蔵の個性が読み取れる。

ジャケ買いのススメ

日本酒のラベルといえば、「和柄に筆文字」というイメージが強い。しかし、近年ではワインのラベルのようなモダンなデザインのものも増えている。ラベルの印象から味を想像するのも、選び方のひとつだ。

裏ラベルから読み取れること

裏ラベルには、その酒の品質や味わいを知る上で
参考になる、貴重な情報が記載されています。
酒の身上書であるラベルの読み解き方を解説します。

純米吟醸酒 技評 山田錦

【特徴】

厳選した山田錦を贅沢に使いました。スッキリとした飲み口で、どんなお食事にも合わせていただけます。

❶	原材料名	米（国産）・米麹（国産米）
❷	使用酵母	きょうかい９号
❸	精米歩合	60%
	アルコール分	15度以上16度未満
❹	酸度	1.7
❺	アミノ酸度	1.3
❻	日本酒度	＋5
	使用米	国産山田錦

要冷蔵

技術評論酒造株式会社　4 912345 678901

●お酒は二十歳になってから　●飲酒運転は法律で禁止されています

❶原材料名

酒を造るのに使われた、水以外の原料名を記載。ここを見れば、酒造好適米の品種などがわかる。

❷使用酵母

酵母名からは香りのタイプが推測できる。穏やかな香りの「6号」、華やかな吟醸香の「1801号」など。

❸精米歩合

一般的に、精米歩合が低い高精米を使うほど雑味が少ない澄んだ味わいになる。米の味を感じたいなら、低精米のものを。

❹酸度

1.6〜1.8を基準値として、酸度が低いと淡麗で穏やかな甘口に、高いとキレのある辛口に感じられる。味を引き締める要素。

❺アミノ酸度

旨みやコクの度合いを推測することができる。1.0を基準として、高いと濃醇に、低いと淡麗になるとされている。

❻日本酒度

-1.4〜1.4を中間値として、高いと辛口に、低いと甘口に。酸度、アミノ酸度の情報と組み合わせると、より味のイメージがしやすい。

魅せる日本酒の贈り方

日本酒を贈るなら、相手をあっと喜ばせたいもの。
たとえ、相手の好きな銘柄を知らなくても、
好みのツボを押さえられるセレクト方法をご紹介します。

◆贈る相手のここをチェック

①出身地・勤務地

前出のように、贈る相手とゆかりのある土地の酒を選ぶテクニックは鉄板中の鉄板。その中から定番の有名銘柄を選ぶか、知る人ぞ知るマイナーな銘柄を選ぶかは、②や④の要素と合わせて判断するのがおすすめ。

②普段飲んでいる酒

普段飲んでいる酒の種類からは、酒に求めるグレード感やこだわりがわかる。例えば、ビールやチューハイ好きには飲みやすいものを、ワインの産地までにこだわる人にはウンチクも添えて贈ってみると喜ばれるだろう。

③好きな料理

好みの料理とのペアリングを提案するのも、選び方の一手。さっぱりとした魚や野菜メインの料理にはきれいな味わいのものを、食べ応えのある肉料理には料理に負けない旨みの強いものを、といった選び方ができる。

④ファッションや趣味

ファッションや趣味からは、モダンなものと堅いものどちらが好みかに着目する。モダン好きには最近話題の銘柄を、堅いものが好きな人には名の知れた有名銘柄を贈るようにすれば、喜ばれやすいだろう。

◆ワンランク上の合わせ技

フードマリアージュ

酒のおいしさを増幅させる食べ物を添えると、より気の利いた贈り物になるだろう。酒を選ぶだけでなく、相手の食の趣味にも気を配る必要があるなど、少し難易度は上がるが、それだけ選ぶ楽しみも出てくる。

酒器と一緒に

日本酒が好きな相手には、酒と一緒に酒器を贈るのもおすすめだ。温度帯を楽しむ酒にはチロリや徳利、香りが華やかで酸が強いものにはワイングラスなどを合わせると、一層酒の魅力が伝わる。

伊勢丹
新宿店

小幡尚裕さんが選ぶ シーン別20選

「目上の人に贈りたい日本酒」「気心の知れた友人と楽しむ日本酒」など、シーン別に厳選した20本をご紹介。

本項で購入方法が三越伊勢丹となっている商品につきましては、三越伊勢丹各店舗にて取り扱い状態が異なります。伊勢丹新宿店大代表(03-3352-1111)までお問い合わせください。

たつりき じゅんまいだいぎんじょう よかわよねだ

龍力
純米大吟醸 吉川米田

純米大吟醸

使用米：（麹・掛）兵庫県特A地区吉川米田産山田錦
精米歩合：（麹）40%／（掛）50%
酵母：9号系
アルコール度数：16度
価格：5,500円（720mℓ）

◆兵庫県
本田商店（ほんだしょうてん）
【問合せ】079-273-0151
【URL】taturiki.com/
【購入方法】三越伊勢丹

伊勢丹新宿店セレクト

東京吉兆の「胡麻豆腐」と

感じた瞬間に消える繊細な酸が、胡麻豆腐の上品な旨みを引き立ててくれます。

香り
☑果実タイプ　□穀物タイプ
弱い ├─┼─┼─●─┤ 強い

味わい・余韻
淡い ├─●─┼─┼─┤ 濃い
甘い ├─┼─┼─●─┤ 辛い
短い ├─┼─●─┼─┤ 長い

蔵元のおすすめ
冷蔵 軽やかで甘いリンゴ系の香りとキレのある飲み口に。
常温 香りの変化とまろやかな米の味わいが感じられます。
ぬる燗 さらにまろやかさが増します。温め過ぎに注意。

720mℓ

特A地区の山田錦のみ使用 繊細な奥行きを楽しむ酒

幾年にもわたる土壌調査の末に見つけた栽培適地、吉川町米田で育った山田錦のみを使用した贅沢な1本。この酒米で醸した酒は、淡麗で繊細な飲み口の中に奥行きある米の旨みが特徴で、舌の肥えた飲み手に贈るのに好適。リンゴを思わせる華やかな香りを楽しむには、キリッと冷やしてワイングラスでいただきたい。

その他の主な造り

龍力 大吟醸 米のささやき
〈純米大吟醸〉
龍力を代表する銘柄。香り、味わい、後味のバランスに非常に優れたフルボディタイプの大吟醸。

龍力 特別純米酒 しぼりたて 生原酒
〈特別純米〉
特別栽培米・五百万石を使ったピュアな酒。発酵が続くピチピチした舌触りとすっきりした後味が特徴。

小左衛門《こざえもん》
純米大吟醸《じゅんまいだいぎんじょう》 別誂え《べつあつらえ》

720mℓ

純米大吟醸

使用米：（麹）山田錦／（掛）愛山
精米歩合：40%
酵母：非公開
アルコール度数：16度
価格：5,000円（720mℓ）、10,000円（1.8ℓ）

◆岐阜県
中島醸造（なかしまじょうぞう）
【問合せ】0572-68-3151
【URL】www.kozaemon.jp/
【購入方法】特約店

伊勢丹新宿店セレクト

浅草今半の「ほたて美味煮」と

小左衛門の柔らかな旨みが、ふっくらと薄味に炊き上げたほたてによく合います。

香り

☑果実タイプ　□穀物タイプ

弱い ├─┼─●─┼─┤ 強い

味わい・余韻

淡い ├─┼─●─┼─┤ 濃い
甘い ├─●─┼─┼─┤ 辛い
短い ├─┼─●─┼─┤ 長い

蔵元のおすすめ

冷蔵 おだやかな香りとすっきりした甘みが引き立ちます。

ぬる燗 甘みと米の旨みが増します。キレ味はすっきり。

酒米のブレンドで深く上質感のある味わいに

1702年創業の老舗酒蔵である中島醸造。「小左衛門」は創業者の名前に由来する蔵を代表する銘柄だ。2種類の米で造った純米大吟醸の中汲み部分である「別誂え」は、深い味わいの中に透明感も感じられる。ワイングラスなど大きめの器に注いでゆっくり飲むことで、温度変化や酸化によって生じる味の違いが楽しめる。

その他の主な造り

小左衛門 特別純米美山錦
〈特別純米〉
小左衛門を語る上で、必ず味わっておきたい定番の1本。香りも旨みもおだやかで、飲み飽きしない。

小左衛門 純米吟醸 備前雄町
〈純米酒〉
華やかすぎず控えめな香り。ほんのりした甘みと後からくる酸味のバランスが良く、キレのある味わいに。冷やして飲むのがおすすめ。

きりん ひぞうしゅ 10ねん

麒麟
秘蔵酒 10年

750mℓ

大吟醸

使用米：（麹・掛）山田錦
精米歩合：40%
酵母：9号系
アルコール度数：16度
価格：5,000円（750mℓ）

◆新潟県
下越酒造（かえつしゅぞう）
【問合せ】0254-92-3211
【URL】sake-kirin.com/
【購入方法】特約店

香り

☑果実タイプ　☐穀物タイプ

弱い ├─┼─●─┼─┤ 強い

味わい・余韻

淡い ├─┼─┼─●─┤ 濃い
甘い ├─┼─┼─●─┤ 辛い
短い ├─┼─┼─┼─● 長い

蔵元のおすすめ

冷蔵 すっきりとしたなめらかな味わいが際立ちます。

ぬる燗 熟成によるまろやかな旨みが広がります。

伊勢丹新宿店セレクト

東京吉兆の「黒豆」と

上品な甘みの黒豆と合わせることで、熟成酒のまろやかさが一層増します。

10年間じっくり寝かせた贅沢な熟成酒

大吟醸酒を氷温で10年間熟成させた限定品の「秘蔵酒」。円熟味を増した旨みと豊潤な熟成香は熟成酒ならでは。口の中で豊かに広がる余韻をじっくりと味わいたい。10年を経ても、どこかさわやかさを感じる熟成酒が造れるのは、親子2代で国税局酒類鑑定官として酒蔵の指導に当たってきた下越酒造の技術力があってこそだ。

✤その他の主な造り

麒麟 純米酒
〈純米酒〉
香りも口当たりも穏やかで柔らかいが、きめ細かな米の旨みがしっかりと伝わってくる。

麒麟 大吟醸袋取り雫酒《山田錦》
〈大吟醸〉
豊潤な香りは袋取りで搾った贅沢な大吟醸ならでは。酒米・越淡麗で造ったものもあるので、飲み比べてみては。

櫻室町《さくらむろまち》

無濾過純米大吟醸《むろかじゅんまいだいぎんじょう》 契約栽培米《けいやくさいばいまい》 瀬戸雄町《せとおまち》

720mℓ

純米大吟醸

使用米：（麹・掛）岡山市東区瀬戸地区産雄町米
精米歩合：40%
酵母：1801酵母+室町酵母（9号系）のブレンド
アルコール度数：15〜15.9度
価格：5,000円（720mℓ）

◆岡山県
室町酒造（むろまちしゅぞう）
【問合せ】086-955-0029
【URL】sakuramuromachi.co.jp/
【購入方法】三越伊勢丹、室町酒造

伊勢丹新宿店セレクト

魚谷清兵衛の「小鯛のささ漬け」と

白ワインを思わせる穏やかな甘い香りと旨みが、さっぱりと酢でしめた白身魚と相性抜群です。

香り

☑果実タイプ　□穀物タイプ

弱い |—|—|—●—| 強い

味わい・余韻

淡い |—|—|—●—| 濃い
甘い |—|—|—●—| 辛い
短い |—|—|—●—| 長い

蔵元のおすすめ

冷蔵 冷蔵庫に入れて30分〜1時間後が飲みごろ。ワイングラスでどうぞ。

常温 備前焼のぐい飲みなどで、芳醇な香りと旨みを味わってください。

雄町の旨みが生きた ワイングラスが似合う酒

岡山県最古の蔵、室町酒造の酒は地元の米と水にこだわって醸される。使用するのは、契約栽培された最高ランクの雄町米と、日本の名水百選に選出された「雄町の冷泉」。贈答品にも適した贅沢な造りで、雄町米特有の力強い旨みを引き出しながらもまろやかな味わいが白ワインを思わせる。軽く冷やしてワイングラスでどうぞ。

✤その他の主な造り

櫻室町 純米吟醸 備前幻
〈純米吟醸〉
雄町米の旨み、口当たりの柔らかさ、おだやかな吟醸香、全てのバランスに優れた1本。

櫻室町 極大吟醸 室町時代
〈大吟醸〉
1年間熟成させることで、コクの増した深みのある味わいに。フルーティな吟醸香が華やかな印象。

ゆきのぼうしゃ やまはいじゅんまいぎんじょう くちなしいろふう

雪の茅舎
山廃純米吟醸 支子色風

純米吟醸

使用米：(麹)山田錦／(掛)出羽の里
精米歩合：55%
酵母：自家培養酵母
アルコール度数：16度
価格：2,300円(720mℓ)

◆秋田県
齋彌酒造店 (さいやしゅぞうてん)
【問合せ】0184-22-0536
【URL】yukinobosha.jp/
【購入方法】三越伊勢丹、通販(isetan.mistore.jp/onlinestore/)

伊勢丹新宿店セレクト

永田屋の「黒潮」と一緒に

旨みの強い山廃の酒には、同じく旨みの強い天然真昆布を使用した佃煮「黒潮」を合わせて。

720mℓ

香り
☑果実タイプ ☐穀物タイプ
弱い ├─┼─●─┼─┤ 強い

味わい・余韻
淡い ├─┼─┼─┼●┤ 濃い
甘い ├─┼─●─┼─┤ 辛い
短い ├─┼─┼─┼●┤ 長い

蔵元のおすすめ
冷蔵 10度くらいに冷やして、さわやかなのどごしを楽しんでください。
ぬる燗 コクのある味わいに。もっとも味が開く温度帯は39度です。

昔ながらの製法で醸した食中に生きる山廃

酒の味を日本の伝統色で表わす伊勢丹オリジナル企画「Nippon IRO SAKE Project」プロデュースの1本。自家培養酵母使用、櫂入れ・ろ過・加水無しの三無造りというこだわりの製法で、香り高く豊かな旨みを実現。山廃らしいフルボディな味わいを強めの酸が引き締めて、キレのいい後味に。味の濃い料理やチーズなどと好相性。

その他の主な造り

雪の茅舎 秘伝山廃 純米吟醸 無濾過原酒
〈純米吟醸〉
「IWC(インターナショナル・ワイン・チャレンジ)」金賞受賞酒。華やかな香りと酸味が特徴の通好みの酒。

雪の茅舎 純米吟醸
〈純米吟醸〉
柔らかな飲み口と、口中で広がる旨みが心地良い雪の茅舎の人気商品。

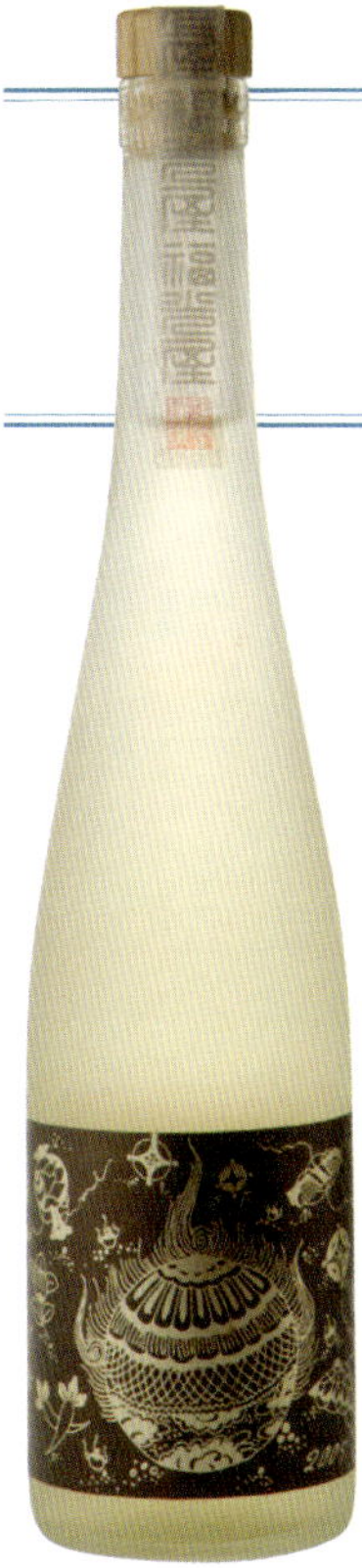

500mℓ

福光屋

山田錦 黄櫨染風 2005

純米酒

使用米：(麹・掛)兵庫県多可町中区産山田錦
精米歩合：68%
酵母：自家培養酵母
アルコール度数：15度
価格：2,500円(500mℓ)

◆石川県
福光屋（ふくみつや）
【問合せ】076-231-2191
【URL】fukumitsuya.co.jp/
【購入方法】三越伊勢丹、
通販(isetan.mistore.jp/onlinestore/)

伊勢丹新宿店セレクト

赤坂松葉屋の「とんとろり」と

甘辛く煮込んだ豚の三枚肉「とんとろり」と合わせても負けない、しっかりとした旨みがあります。

香り
☐果実タイプ ☑穀物タイプ
弱い ├─┼─●─┼─┤ 強い

味わい・余韻
淡い ├─┼─┼─●─┤ 濃い
甘い ├─┼─●─┼─┤ 辛い
短い ├─┼─┼─●─┤ 長い

蔵元のおすすめ

冷蔵 香りが抑えられ、軽やかな飲み口に。

常温 凝縮された旨みが開き、美しい余韻が楽しめます。

ぬる燗 米の旨みを酸が引き締め、風味が際立ちます。

ナッツを思わせる高貴な香りの熟成酒

多くの酒蔵に先駆けて純米酒にこだわり、生産高一万石以上の蔵で初の全量純米化を行った福光屋。米と水にこだわって丁寧に造られた酒は、熟成が進むほどに、旨みが凝縮されたような、まろやかで深みのある豊かな香味を醸す。胡麻や胡桃、アーモンドなどナッツを思わせる複雑味のある香りが酒宴を華やげてくれる。

その他の主な銘柄

福正宗 特撰 金ラベル
〈純米吟醸〉
契約栽培の酒造好適米のみを使用して造られた酒。さらりとした繊細な旨みが特徴。

福正宗 山廃純米
〈純米酒〉
山廃らしい膨らみのある旨みをほどよい酸味が引き締め、後味はさらりとさわやかに。

だいしち じゅんまいきもとじゅくせいげんしゅ やまだにしき

大七
純米生酛熟成原酒 山田錦

720mℓ

特別純米

使用米：(麹・掛)国産山田錦
精米歩合：65%
酵母：7号系
アルコール度数：17度
価格：2,130円(720mℓ)

◆福島県
大七酒造(だいしちしゅぞう)
【問合せ】0243-23-0007
【URL】daishichi.com/
【購入方法】三越伊勢丹
通販(isetan.mistore.jp/onlinestore/)

伊勢丹新宿店セレクト

京粕漬 魚久の「いか京粕漬」と

生酛のまろやかな旨みといかの京粕漬の芳醇な味わいが、互いを引き立て合います。

香り
☐果実タイプ ☑穀物タイプ
弱い —●——— 強い

味わい・余韻
淡い ———●— 濃い
甘い ——●—— 辛い
短い ————● 長い

蔵元のおすすめ
ぬる燗 しっとりとした旨みと味の膨らみを酸味が支え、穏やかながらも力強い味わいに。
熱燗 なめらかな舌触り、たっぷりとした旨み、穏やかな甘みとハリが絶妙なバランスに。

生酛一筋の酒蔵による純米生酛を極めた1本

大七酒造が造るのは、すべて伝統的醸造法である生酛造りの酒。最高級の山田錦を扁米精米し、生酛造りでじっくりと醸した純米酒は、まろやかでありながらボリューム感のある旨みが特徴。力強く発酵した酒は時間を重ねるほどに一層ふくよかで贅沢な味わいに成長する。燗にすると滋味深い風味が溢れて体の内側に沁み渡るようだ。

❖その他の主な造り

大七 純米生酛
〈純米酒〉
バランスの良い豊かなコクが味わえる。長く広く愛される、生酛のスタンダード。

大七 純米生酛 CLASSIC
〈純米酒〉
通好みの濃醇で奥深い味わいは、生酛造りと向き合ってきた大七酒造でしか造れない味だ。

石鎚

純米吟醸 緑ラベル

1.8ℓ

純米吟醸

使用米：(麹)兵庫県産山田錦／(掛)愛媛県産松山三井
精米歩合：(麹)50%／(掛)60%
酵母：自家培養酵母、KA-1
アルコール度数：16〜16.9度
価格：1,350円(720mℓ)、2,700円(1.8ℓ)

◆愛媛県
石鎚酒造 (いしづちしゅぞう)
【問合せ】(TEL)0897-57-8000／(MAIL)sake@ishizuchi.co.jp
【URL】ishizuchi.co.jp/
【購入方法】特約店

伊勢丹新宿店セレクト

祇園やよいの「しいたけ」と

なめらかで丸みのある味わいが、滋味深いしいたけの旨みをふんわりと、さらに増幅させます。

香り
☑果実タイプ ☐穀物タイプ
弱い ─┼─┼─●─┼─┼─ 強い

味わい・余韻
淡い ─┼─●─┼─┼─┼─ 濃い
甘い ─┼─┼─┼─●─┼─ 辛い
短い ─┼─┼─●─┼─┼─ 長い

蔵元のおすすめ
冷蔵 穏やかな香りとキレ味の良さが絶妙なバランスに。
ぬる燗 口に含んだときの、味の膨らみや柔らかさが増します。

食中にこそ生きる バランスのとれた純米吟醸

石鎚酒造は、家族四人で経営する小規模な蔵だからこそできる丁寧な造りを追求。1カ月以上低温発酵させた醪を「雫取り」でゆっくりと搾ることで、なめらかな味わいに。香り・味わい・流れ・キレの調和も素晴らしく、幅広い料理とのマリアージュが可能。酒好き同士で語り合いながら、ゆっくりと味わいたい酒だ。

✤その他の主な造り

石鎚 純米吟醸 山田錦 無濾過中汲み 槽搾り
〈純米吟醸〉
石鎚酒造定番人気商品のひとつ。山田錦らしい力強い旨みが特徴。

石鎚 無濾過純米 槽搾り
〈純米酒〉
華やかな吟醸香と無ろ過ならではのフルボディ感で贅沢な味わいに。

だいしんしゅう じゅんまいだいぎんじょう きんもんにしき

大信州
純米大吟醸 金紋錦

純米大吟醸

使用米：(麹・掛)信州産金紋錦
精米歩合：40%
酵母：自家培養酵母
アルコール度数：16度
価格： 3,000円(720mℓ)

◆長野県
大信州酒造 (だいしんしゅうしゅぞう)
【問合せ】0263-47-0895
【URL】daishinsyu.com/
【購入方法】三越伊勢丹

伊勢丹新宿店セレクト

鮎家の「あゆ巻」と

柔らかく広がりのある味わいが、鮎と昆布の上品な風味を優しく包み、絶妙なマリアージュを演出。

香り
☑果実タイプ □穀物タイプ
弱い ├─┼─●─┼─┤ 強い

味わい・余韻
淡い ├─┼─●─┼─┤ 濃い
甘い ├─┼─┼─●─┤ 辛い
短い ├─┼─┼─●─┤ 長い

蔵元のおすすめ
常温 香りと旨みが口中で優しく膨らみます。
冷蔵 キリッとシャープな味わいに変わります。後味のキレがたまりません。

720mℓ

信州の豊かな自然が育んだ香味豊かなご褒美酒

「酒は人が醸す」をモットーに手造りにこだわる大信州酒造。冷涼で酒造りに適した信州の風土、米、水で醸された無ろ過の純米大吟醸は、華やかで芳醇なリンゴ様の香りと金紋錦らしいまろやかな味わいがラグジュアリーな印象だ。温度が上がるほどに豊かさを増す香りと旨みは、独り占めしたくなるほどのおいしさ。

❖ その他の主な造り

大信州 辛口特別純米
〈特別純米〉
キリッと引き締まった冷や〜穏やかな味わいの常温がおすすめ。飲み飽きせず、日々の晩酌用にぴったり。

大信州 別囲い純米大吟醸
〈純米大吟醸〉
鑑評会出品酒と同じ仕込みの贅沢な酒。上品に広がる香りとなめらかな飲み口を楽しんで。

しちふくじん じゅんまいだいぎんじょう

七福神
純米大吟醸

720mℓ

純米大吟醸

使用米：（麹・掛）美山錦
精米歩合：40%
酵母：1801号
アルコール度数：15度
価格：3,000円（720mℓ）、6,000円（1.8ℓ）

◆岩手県
菊の司酒造（きくのつかさしゅぞう）
【問合せ】019-624-1311
【URL】kikunotsukasa.jp/
【購入方法】全国酒販店、特約店

伊勢丹新宿店セレクト

柿安の「うすだき牛肉しぐれ煮」と

繊細な香味が、上品な薄味に炊き上げた牛肉にそっと寄り添います。

香り

☑果実タイプ ☐穀物タイプ

弱い ―――――― 強い

味わい・余韻

淡い ―――――― 濃い
甘い ―――――― 辛い
短い ―――――― 長い

蔵元のおすすめ

冷蔵 冷蔵庫でキリッと冷やすと、清冽なのどごしが楽しめます。

常温 温度が上がっていくにつれて、香りがより華やかに感じられます。

職人の経験と勘が醸す豊かな味わいの大吟醸

日本三大杜氏にも数えられる、南部杜氏の技が光る菊の司酒造の酒。その味わいは非常にクリアかつ、繊細な甘みと酸味が感じられるリッチなもの。1年半以上低温貯蔵で熟成させることで、大吟醸でありながら幅の広さがある風味に仕上がっている。酒器や合わせる料理によってさまざまに表情を変え、飲み手を飽きさせない1本だ。

その他の主な造り

純米酒 七福神
〈純米酒〉
まろやかで親しみやすい味わいの定番商品。甘みとキレのバランスも絶妙だ。

大吟醸てづくり七福神
〈大吟醸〉
1966年から根強い人気を誇るロングセラー。約1年半の低温熟成でまろやかな味わいに。

七本鎗《しちほんやり》
純米大吟醸《じゅんまいだいぎんじょう》 山田錦《やまだにしき》

純米大吟醸

使用米：（麹・掛）山田錦
精米歩合：40%
酵母：非公開
アルコール度数：15度
価格：4,600円（720mℓ）

◆滋賀県
冨田酒造（とみたしゅぞう）
【問合せ】0749-82-2013／HP問い合わせフォーム
【URL】www.7yari.co.jp/
【購入方法】三越伊勢丹

伊勢丹新宿店セレクト

祇園やよいの「おじゃこ」と

大吟醸の華やかな香りと、山椒香るおじゃこの相性は抜群。京風の上品な醤油風味も◎。

720mℓ

香り
☑果実タイプ　□穀物タイプ
弱い ―― 強い

味わい・余韻
淡い ―― 濃い
甘い ―― 辛い
短い ―― 長い

蔵元のおすすめ
冷蔵 透明感のある繊細な味わいが楽しめます。
常温 柔らかな甘みとまろやかさが現れます。

米も水も地のものを「地酒」の真髄に迫る酒

地元の篤農家や農業高校とタッグを組み、米づくりの段階から日本酒と向き合う冨田酒造。26BYで初めて取り組んだ山田錦の純米大吟醸は、透明感のある繊細な味わいと華やかな吟醸香が際立つ酒に仕上がった。風味や香りを細やかに感じられる飲み口の薄いグラスでいただいて、酒の魅力を存分に味わいたい。

✤その他の主な造り

七本鎗 大吟醸
〈大吟醸〉
やや辛口だが、穏やかな香りとふくよかな口当たりが特徴。

七本鎗 純米 80% 精米 火入れ
〈純米酒〉
あえての低精白で米本来の旨みを打ち出した酒。温度帯を変えて楽しみたい1本。

白龍
大吟醸

720mℓ

大吟醸

使用米：（麹・掛）越淡麗
精米歩合：40%
酵母：非公開
アルコール度数：16度
価格：600円（180mℓ）、950円（300mℓ）、2,450円（720mℓ）、5,000円（1.8ℓ）

◆新潟県
白龍酒造（はくりゅうしゅぞう）
【問合せ】0250-62-2222
【URL】hakuryu-sake.com/
【購入方法】特約店、通販（問合せと同じ）

伊勢丹新宿店セレクト

新潟加島屋の「いくら醤油漬」と

透明感のある味わいの酒に風味豊かないくら醤油漬がバランス良くマッチします。

香り

☑果実タイプ　☐穀物タイプ

弱い ―――●― 強い

味わい・余韻

淡い ―●――― 濃い
甘い ―――●― 辛い
短い ――●―― 長い

蔵元のおすすめ

冷蔵 フルーティさとさわやかさが際立ちます。

常温 芳醇な香りとコクのある旨みが広がります。

新潟の魅力がつまった清涼感あふれる大吟醸

山田錦並みの酒造特性を持つ、新潟県開発米・越淡麗を使用した大吟醸酒。ポテンシャルを最大限に引き出すために約70時間かけて自社精米した米を、通常の約2倍の時間をかけて丁寧に醸した。口に含むと、果実のように華やかな吟醸香が広がった後に、まろやかなコクが膨らむ。酒と語り合うような贅沢な一人飲みにどうぞ。

❖ その他の主な造り

白龍 純米大吟醸
〈純米大吟醸〉
新潟らしいキリッと淡麗な味わいと、純米大吟醸ならではの奥深さの両方が感じられる。

白龍 本醸造
〈本醸造〉
喉越しの良い辛口の酒。冷や〜熱燗まで幅広い温度帯で楽しめ、飲み飽きしにくい。

てんぐまい じゅんまいだいぎんじょう てんぐまい

天狗舞
純米大吟醸 TENGUMAI

720mℓ

純米大吟醸

使用米：（麹・掛）岡山県産赤磐雄町
精米歩合：35％
酵母：自家培養酵母
アルコール度数：16度
価格：5,000円（720mℓ）

◆石川県
車多酒造（しゃたしゅぞう）
【問合せ】076-275-1165
【URL】tengumai.co.jp/
【購入方法】三越伊勢丹

伊勢丹新宿店セレクト

土井志ば漬本舗の「すぐききざみ」と

酒を主役に味わうなら、ほどよい酸味でさっぱりいただける、すぐき菜の漬物をお供にどうぞ。

香り

□果実タイプ ☑穀物タイプ

弱い ├─●─┼─┼─┼─┤ 強い

味わい・余韻

淡い ├─●─┼─┼─┼─┤ 濃い
甘い ├─┼─┼─●─┼─┤ 辛い
短い ├─┼─┼─┼─●─┤ 長い

蔵元のおすすめ

冷蔵 旨みの輪郭をくっきりと味わうことができます。

常温 香りと味わいの豊かさがゆっくりと開いていくのがわかります。

香りから品格漂う貫禄の純米大吟醸

杜氏は能登杜氏四天王の一人で2011年には黄綬褒章を受けた中三郎杜氏、使用米は35％まで磨いた幻の酒米・赤磐雄町という贅を尽くした1本。繊細な味わいの純米大吟醸をしっかりと熟成させることで、奥行きとふくよかな香りが加わっている。祝い事など、特別な日に飲みたくなるとっておきの酒だ。

✤その他の主な造り

天狗舞 純米大吟醸50
〈純米大吟醸〉
熟成を抑えることで、綺麗な酸味がある軽やかな飲み口に。新しい味わいの天狗舞。

天狗舞 山廃純米大吟醸
〈純米大吟醸〉
山廃造りを看板とする天狗舞の定番。飲むほどに旨みが広がる車多酒造自慢の銘酒だ。（P59）

720mℓ

来福
純米大吟醸 愛山

純米大吟醸

使用米：（麹）山田錦／（掛）愛山
精米歩合：40%
酵母：タンポポの花酵母
アルコール度数：16度
価格：2,700円（720mℓ）

◆茨城県
来福酒造（らいふくしゅぞう）
【問合せ】0296-52-2448
【URL】raifuku.co.jp/
【購入方法】三越伊勢丹

伊勢丹新宿店セレクト

土井志ば漬本舗の「生志ば漬」と

酒のほどよい酸味と昔ながらのシンプルなしば漬けが、さわやかなマリアージュを奏でます。

香り

☑果実タイプ　□穀物タイプ

弱い |—|—|—|—●—| 強い

味わい・余韻

淡い |—|—|—●—|—|—| 濃い
甘い |—|—|—●—|—|—| 辛い
短い |—|—|—●—|—|—| 長い

蔵元のおすすめ

冷蔵 ほどよく冷やすことで、花酵母の華やかな香りが際立ちます。

たんぽぽの花酵母で醸す 柔らかな日本酒

来福酒造は茨城県で約３００年にわたり、上質な日本酒を造り続けてきた老舗酒蔵であると同時に、花酵母の研究に力を入れた挑戦的な酒造りでも知られる。タンポポの花酵母で醸した酒は、香り高くなめらかな味わい。また、掛け米に使用されている幻の米・愛山特有の洗練されたふくよかさもじっくりと味わってほしい。

その他の主な造り

来福 純米吟醸「愛山」
〈純米吟醸〉
扱いが難しいとされている「愛山」を巧みに醸した来福酒造の看板酒。奥深い香りを楽しんで。

来福 純米吟醸 超辛口
〈純米吟醸〉
他の酒とは一味違う本格辛口酒。シャープなキレと純米吟醸酒らしい奥深い味わいを併せ持つ。

でわざくら だいぎんじょう

出羽桜
大吟醸

大吟醸

使用米：（麹・掛）山田錦
精米歩合：35％
酵母：山形酵母
アルコール度数：17度
価格：5,000円（720mℓ）

◆山形県
出羽桜酒造（でわざくらしゅぞう）
【問合せ】023-653-5121
【URL】dewazakura.co.jp/
【購入方法】三越伊勢丹

伊勢丹新宿店セレクト

赤坂松葉屋の「ゆば小町」と

洗練された味わいの大吟醸には、上品な出汁が染みたゆば料理がぴったりです。

720mℓ

香り

☑果実タイプ　☐穀物タイプ

弱い ―――――● 強い（5段階中5）

味わい・余韻

淡い ―――●― 濃い（5段階中4）
甘い ――●―― 辛い（5段階中3）
短い ―――――● 長い（5段階中5）

蔵元のおすすめ

冷蔵 華やかな香りやきれいに磨かれた味わいなど、酒の持つポテンシャルが最も発揮される温度帯です。

蔵の技術の粋を集めた鑑評会用大吟醸

飲み手第一の酒造りが地元山形県で大きな支持を受けている出羽桜酒造。酒蔵の製造陣が鑑評会出品用に昼夜問わず丹精込めて醸した大吟醸は、瑞々しい果実のようなフルーティな香りに、力強くも洗練された最高峰の味わいが共存。画家・藤田勇哉による、青地に桜の艶やかなパッケージが上質感を高め、贈り物に最適な1本に。

✤その他の主な造り

出羽桜 桜花吟醸酒
〈吟醸〉
「桜花を飲んで日本酒が好きになった」との声が多数寄せられる、地酒界を代表する吟醸酒。

出羽桜 純米吟醸
出羽燦々 誕生記念
〈純米吟醸〉
酒米はじめ、全ての原料が山形産。柔らかく幅のある味わいと香りが、料理を引き立てる。

みずばしょう ぴゅあ

MIZUBASHO PURE

720mℓ

使用米：（麹・掛）兵庫県三木市三木別所産山田錦
精米歩合：非公開
酵母：群馬KAZE酵母
アルコール度数：13度
価格：2,500円（360mℓ）、4,500円（720mℓ）

◆群馬県
永井酒造（ながいしゅぞう）
【問合せ】0278-52-2311
【URL】mizubasho.jp/
【購入方法】特約店

伊勢丹新宿店セレクト

招福楼の「どんぴり」と

梅肉と実山椒で味付けしたどんこ椎茸の佃煮と合わせると、米の風味が引き立ちます。

香り

☑果実タイプ　☐穀物タイプ

弱い ├─┼─┼─●─┤ 強い

味わい・余韻

淡い ├─┼─●─┼─┤ 濃い
甘い ├─┼─┼─●─┤ 辛い
短い ├─┼─●─┼─┤ 長い

蔵元のおすすめ

冷蔵 5度くらいまで冷やしてシャンパンフルートグラスで味わうのが、一番酒の魅力を感じてもらえる飲み方です。

世界を魅了する本格"Sparkling SAKE"

世界に通用する日本酒を造るべく、独自の「NAGAI STYLE」を提案する永井酒造。伝統的なシャンパーニュ製法で造られた本格スパークリング日本酒「MIZUBASHO PURE」は、瓶内二次発酵による力強く繊細な泡立ちが特徴だ。ドライな口当たりにフルーティな香り、そして米の旨みも感じられる新しい味わいを実現している。

その他の主な造り

水芭蕉 純米大吟醸
〈純米大吟醸〉
繊細な吟醸香と山田錦らしいふくよかな味わいが楽しめる。

水芭蕉 Dessert Sake デザート酒
〈貴醸酒〉
永井酒造ならではの個性が光るデザート日本酒。完熟マスクメロンのような芳醇な味わい。

りっしも じゅんまいだいぎんじょう

RISSIMO
純米大吟醸

720mℓ

純米大吟醸

使用米：（麹・掛）愛山
精米歩合：50%
酵母：自家培養酵母
アルコール度数：15度
価格：2,667円（720mℓ）

◆京都府
松本酒造（まつもとしゅぞう）
【問合せ】075-611-1238
【URL】momonoshizuku.com/
【購入方法】特約店、通販（問合せと同じ）

伊勢丹新宿店セレクト

新潟加島屋の「帆立照焼醍醐味」と

キレの良さとほどよい酸が、クリームチーズで和えた照焼き帆立の濃厚な味にぴったりです。

香り
☑果実タイプ ☐穀物タイプ
弱い ├●┼┼┤ 強い

味わい・余韻
淡い ├●┼┼┤ 濃い
甘い ├┼●┼┤ 辛い
短い ├●┼┼┤ 長い

蔵元のおすすめ
冷蔵 5〜10度くらいに冷やしてワイングラスで。イタリアンなどの魚介料理・野菜料理を引き立てます。

✤ その他の主な銘柄

澤屋まつもと ultra 純米大吟醸
〈純米大吟醸〉
きれいな酸とほどよい苦みが心地良い酒。甘みを抑えることで食との完璧なマリアージュを実現している。

澤屋まつもと Kocon
軽快な飲み口の中に、くっきりした旨みと複雑なニュアンスを感じる低アルコール酒。さわやかながらクセになる味だ。

イタリアンと一緒に 新しい日本酒の楽しみ方

京都の老舗酒造松本酒造とイタリアンレストラン イル ギオットーネ共同で造った「イタリアンに合う日本酒」。従来の日本酒より酸味を高めることで、イタリアンと好相性に。キレが良くさわやかな飲み口で食中酒としてもおすすめだ。よく冷やしてワイングラスに注げば、穏やかな吟醸香と米の旨みが柔らかく広がる。

色
純米大吟醸

720mℓ

純米大吟醸

使用米：(麹・掛)ひだほまれ
精米歩合：50%
酵母：1801号
アルコール度数：15〜15.9度
価格： 3,000円(720mℓ)

◆岐阜県
老田酒造店(おいたしゅぞうてん)
【問合せ】0577-68-2341
【URL】www.onikorosi.com/
【購入方法】三越伊勢丹、
通販(isetan.mistore.jp/onlinestore/)

伊勢丹新宿店セレクト

祇園やよいの「いわし美人」と

「色」のキレの良さは旨みの強い酒肴と好相性。旨みが凝縮されたいわしの甘辛煮と一緒に。

香り
☑果実タイプ　□穀物タイプ
弱い ├─┼─┼─●─┤ 強い

味わい・余韻
淡い ├─┼─●─┼─┤ 濃い
甘い ├─●─┼─┼─┤ 辛い
短い ├─┼─●─┼─┤ 長い

蔵元のおすすめ
冷蔵 酒のさわやかさ、キレの良さが最も際立ちます。
常温 米の旨みが膨らんで厚みのある飲み口に。
ぬる燗 コクと旨みがじわりと沁みるまろやかな味わい。

飛騨高山の水と米で醸した辛口純米大吟醸

洗米から仕込みまで、飛騨山脈から流れる清冽で柔らかな天然水を贅沢に使って醸された「色」。味のバランスの良さが特徴的な酒造好適米「ひだほまれ」を使うことで、女性にも飲みやすい軽快な味わいの辛口酒に仕上がった。10度以下に冷やすと、華やかな果実のような吟醸香とキレのいい後味がより際立ってくる。

✤その他の主な銘柄

鬼ころし 純米大吟醸 原酒
〈純米大吟醸〉
さらりとキレのいい、やや辛口の酒。華やかな吟醸香と芳醇な味わいが贅沢な1本。

鬼ころし 本醸造
〈本醸造〉
地酒ブームで一躍注目を浴びた「元祖鬼ころし」。毎日飲みたくなるさわやかな辛口だ。

かもしびとくへいじ ひのきし

醸し人九平次
彼の岸

720mℓ
※ヴィンテージ変更の際はご了承ください。

純米大吟醸

使用米：（麹・掛）山田錦
精米歩合：30%
酵母：非公開
アルコール度数：16度
価格：10,000円（720mℓ）

◆愛知県
萬乗醸造（ばんじょうじょうぞう）
【問合せ】052-621-2185
【URL】kuheiji.co.jp/
【購入方法】特約店

伊勢丹新宿店セレクト

京粕漬 魚久の「ぎんだら京粕漬」と

旨みあふれるぎんだらと酸のきれいな日本酒は相性が良く、いつまでも飲み続けられます。

香り
☑果実タイプ　□穀物タイプ
弱い ├─┼─┼─●─┤ 強い

味わい・余韻
淡い ├─┼─┼─●─┤ 濃い
甘い ├─┼─●─┼─┤ 辛い
短い ├─┼─┼─┼─● 長い

蔵元のおすすめ
常温❶ 10〜13度くらいが飲みごろ。果実や花のような華やかな香りが楽しめます。
常温❷ 空気に触れて13〜15度くらいに上がると、スパイシーさが出てきます。

華やかさの奥に大地が香る余韻がおいしい酒

「日本酒の新しい価値を創造したい」という強い信念のもと醸された萬乗醸造の自信作。口に含んだ瞬間に感じるのは、洋ナシやジャスミンを思わせる華やかで鮮烈な香り。長く残る余韻には、30%まで磨き込まれた米の繊細な旨みが息づいている。温度帯で豊かに変わる複雑な香りをワイングラスで楽しんで。

✤ その他の主な造り

醸し人九平次
純米大吟醸 別誂
〈純米大吟醸〉
メロンや洋ナシのようなフレッシュな香りと、クリーミーでリッチな味わいが共存する九平次シリーズの代表作。

醸し人九平次 純米大吟醸
黒田庄に生まれて、
〈純米大吟醸〉
自社栽培山田錦100%使用。酸とミネラルを感じるさわやかで力強い味わい。

独楽蔵

沁 豊熟純米大吟醸

720mℓ

純米大吟醸

使用米：（麹・掛）福岡県糸島産山田錦
精米歩合：40％
酵母：9号系
アルコール度数：16度
価格：3,300円（720mℓ）、7,000円（1.8ℓ）

◆福岡県
杜の蔵（もりのくら）
【問合せ】0942-64-3001
【URL】morinokura.co.jp/
【購入方法】特約店（酒蔵へお問合わせください）

伊勢丹新宿店セレクト

赤坂松葉屋のからすみと

丁寧に熟成させた深い味わいを、珍味からすみと一緒にゆっくり楽しめば贅沢気分に。

香り
☑果実タイプ ☐穀物タイプ
弱い ├─┼─●─┼─┤ 強い

味わい・余韻
淡い ├─┼─┼─●─┤ 濃い
甘い ├─┼─●─┼─┤ 辛い
短い ├─┼─┼─┼─● 長い

蔵元のおすすめ
冷蔵 少し冷やして、キレのある酸とビターな味わいを楽しんで。
常温 空気に触れると、「独楽蔵」らしいなめらかな口当たりに。
ぬる燗 優しい米の旨みとほのかな甘みが表れます。

大切な人との食卓に 沁み入る旨さの純米大吟醸

「食中酒に適した、体に優しい酒」を造るべく、誠実な姿勢で全量純米造りに取り組む杜の蔵。中でも「独楽蔵」は現代人の幅広い食生活に寄り添うよう造られている。「沁」はその名の通り、しっとりと沁み入るような上品な香味が特徴で、温度帯を変えればどんな料理とも好相性を発揮する。大切な人と語らう食卓に添えたい。

✤ その他の主な造り

独楽蔵 玄 円熟純米吟醸
〈純米吟醸〉
まろみのある味わいの熟成純米吟醸酒。空気になじませたり、少し温めたりすると柔らかな旨みが引き立つ。

独楽蔵 燗純米
〈純米酒〉
優しくふくよかな旨みが特徴。燗酒として味わうために造られた中辛口の純米酒。

監修店舗紹介

伊勢丹新宿店《いせたんしんじゅくてん》 粋の座《すいのざ》

地域を味わい季節を楽しむ 厳選和酒が揃う

伊勢丹新宿店の本館地下１Ｆにある「粋の座」は、和酒や酒肴などを取り揃えた、まさに和酒好きのための楽園。売り場のメインを占める日本酒は、日本各地から選び抜かれた約３００種類の銘柄が地域別に分類され、ずらりと並んでいます。

有名銘柄に偏らないセレクトや、酒蔵と共同でのプライベートブランド商品開発に力を入れており、ここでしか手に入らないものも少なくありません。

また、月替わりで旬の酒と出会える「今月のおすすめ」棚や、料亭の料理と日本酒のマリアージュが体験できる「おもてなしカウンター」を併設することで、日本酒の多彩な魅力を発信しています。

上／有料試飲ができる「おもてなしカウンター」。下／売り場スタッフは唎酒師有資格者も多い。

SHOP DATA

伊勢丹新宿店

所 東京都新宿区新宿3-14-1
☎ 03-3352-1111（大代表）
時 10:30～20:00
休 不定休
URL www.isetan.co.jp/

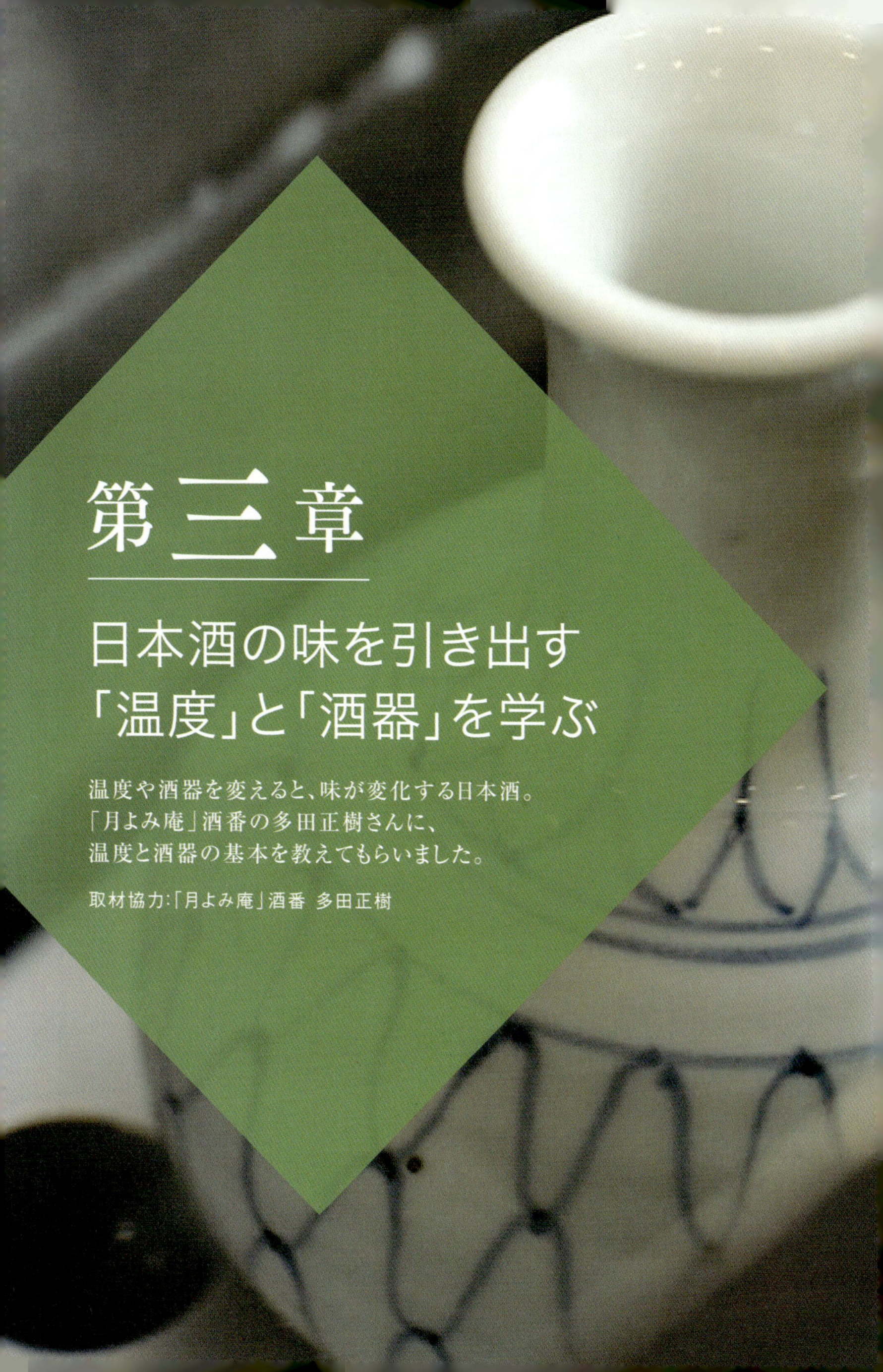

第三章

日本酒の味を引き出す「温度」と「酒器」を学ぶ

温度や酒器を変えると、味が変化する日本酒。
「月よみ庵」酒番の多田正樹さんに、
温度と酒器の基本を教えてもらいました。

取材協力:「月よみ庵」酒番 多田正樹

温度による味の変化

酒の種類によって、最適な温度帯は異なるもの。温度によって、味わいがどのように変化するのか、違いを感じましょう。

隠れた魅力を引き出すため どんな酒でも一度は燗に

冷やして飲むのか、温めて飲むのか。同じ日本酒でも、温度によって味わいは大きく変化します。

燗をつけるという行為は、いわば〝短期熟成〟。酒を温めることで、瞬間的に熟成反応が起き、味が変化するのです。

温度による味わいの変化は、酒のタイプによって異なります。例えば、純米酒の中には、温めることで香りが広がるものが多くあります。逆に、吟醸酵母を使った酒は、冷たい状態でも十分に香るため、温めると香りがきつくなってしまう傾向にあります。とはいえ、酒によって変化の仕方は異なるので、一概には言えません。かつては「燗をするのは安酒だけで、高いお酒を燗にするなんてもったいない」という意識がありましたが、近年はむしろ温めることで味の違いを楽しむ人が増えています。

最適な温度を見つけるためには、ともかくどんな酒でも一度は燗にしてみることが大切です。

PROFILE

多田正樹

ただ・まさき　1969年島根県生まれ。唎酒師。フレンチや中国料理店、日本酒バーなどを経て、現在は神楽坂の「月よみ庵」で酒番を務める。酒と食事のマッチング、燗酒の名手として知られる。

▶月よみ庵の紹介はP134

		適した酒のタイプ	味わいの変化
熱い	55℃～ 飛切燗 50℃ 熱燗 45℃ 上燗	・生酛、山廃 ・熟成酒 ・穀物由来の香りがする酒 ・味わいが複雑な酒	・穀物系の香りが生きる ・温度とアルコールによりキレが増す ・複雑な味わいの酒の味がまとまる場合が多い
ぬるい	40℃ ぬる燗 35℃ 人肌燗 30℃ 日向燗	・旨み、甘み、酸味のいずれも強すぎない酒 ・常温で飲んで、膨らみ(主に甘み)を持たせたいと感じる酒	・全体的に軽く感じられる ・旨みが明確になる ・甘みが最大になる
常温	20℃前後 常温	・バランスの良い酒 ・適度に酸味がある酒	・旨み、甘み、酸味がニュートラルな状態 ・冷やすか温めるかをここで判断できる
冷たい	15℃ 涼《すず》冷え 10℃ 花冷え 5℃ 雪冷え	・活性にごり酒 ・熟成していない酒 ・吟醸香、果実の香りを持つ酒	・華やかなお酒の香りが生きる ・甘みが締まり、やや酸味が勝る ・のどごしがなめらかになる

燗のつけ方を知る

温度による味の違いがわかったら、実際に燗をつけてみましょう。ここでは、徳利を使った湯燗の方法をご紹介します。

徳利と鍋があればできる手軽で本格的な燗つけ方法

電子レンジ燗、ちろり燗、直火燗……。燗のつけ方には、さまざまな方法・流儀があります。家庭で手軽に本格的な燗酒を楽しみたいなら、まずは温度調節を行いやすく、道具も最小限に抑えられる「徳利を使った湯燗」から挑戦するとよいでしょう。

プロフェッショナルの燗は「おもてなしの酒」。次のページから、多田流・燗のつけ方を紹介します。

◆用意するもの

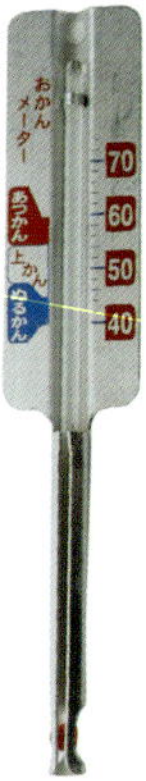

酒温計
燗酒用の温度計はリーズナブルな価格で手に入る。

徳利
酒の対流が起こりやすい丸い形状のものがおすすめ。

鍋
徳利が首まで浸かる深さの水が入るもの。

※本誌では電子式の燗どうこを使用するが、家庭ではコンロと鍋で代用できる。

多田さん流・燗のつけ方

1 湯を準備する

徳利が首元まで浸かる深さまで水を張った鍋を火にかけ、グラグラし始めたところで火を止める。温度計を入れて測り、65～70度が適温。

2 徳利に酒を注ぎ入れる

徳利の口に沿わせるように、スーッと注ぎ入れる。量は徳利の首元までが目安。酒温計で測る場合は、あふれないようやや少なめに入れること。

3 徳利を湯につける

①の湯に②の徳利を入れ、温める。湯の温度が下がって温まりにくい場合は、もう一度火をつけて65～70度になったところで火を止める。

4 温度を確かめる

酒が適温になったか確かめる方法は下記のようにいくつかある。また、このとき味見をしてもよい。

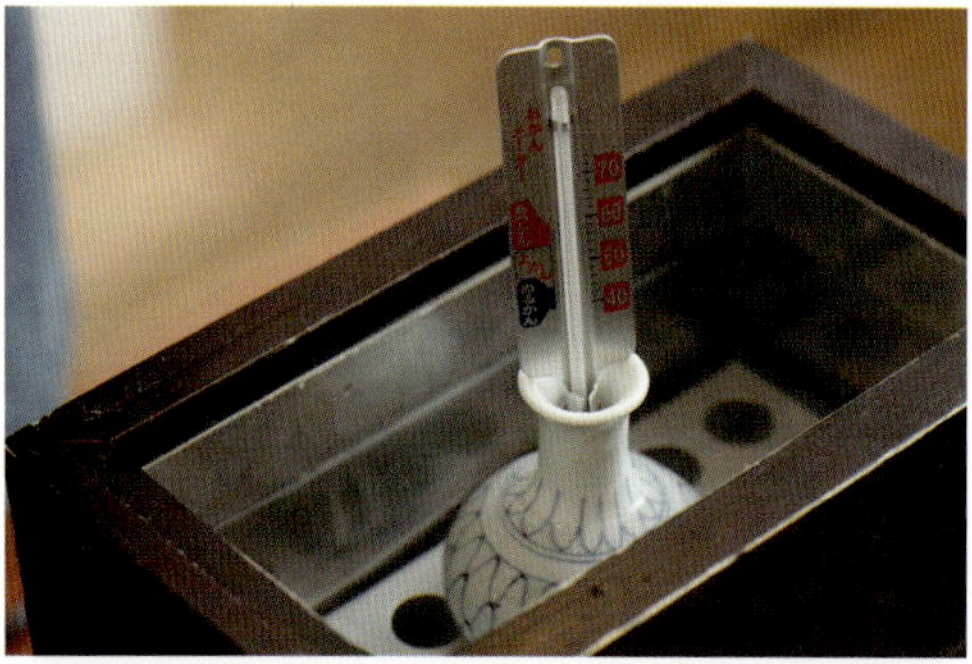

酒温計で確かめる

酒温計を入れて温度を見る方法が最も簡単。

目で見て確かめる

酒は温まると膨張し、徳利の口元まで酒が上がってくる。写真は約50度まで温めたときのもの。

触って確かめる

プロは、徳利の底を触ると酒の温度がわかる。酒温計で測りながら底を触り、温度を肌で確かめる練習をしよう。

5 適温になったら引き上げる

適温になったところで、やけどしないように注意しながら、徳利を取り出す。濡れた徳利の表面をタオルなどで拭き、徳利を両手で包み込む。「燗酒はおもてなしの酒。『おいしくなれ』と気持ちを込めるのがポイントです」（多田さん）。

6 酒器を温める

酒を注ぎ入れる酒器が冷えていると、せっかく温めた酒が冷めてしまう。鍋で沸かした湯の中に数秒浸け、温める。

7 酒を注ぐ

受け手は酒器を持ち上げるのがマナー。両手で持ち、徳利と酒器がぶつからないように人指し指を添える。注ぎ手は、添えられた人差し指の上からそっと注ぐ。

酒器の選び方を学ぶ

酒器の形や大きさによっても、酒の味わいは変化します。酒のタイプに応じて、ぴったりの酒器を選びましょう。

酒器は酒の味わいの最後の決め手となる

酒器の形によって、鼻への香りの届き方や、舌の上での酒の流れ方などが異なります。提供のプロは、お酒の味を見て「酸味を抑えたい」「少し甘みを加えたい」というときに酒器を変えることで風味を変化させ、最後の微調整をしているのです。

酒器を選ぶ際は、下記の表を参考に、飲みたい味に応じて要素を組み合わせてみましょう。

大きさ
大きい
・味が軽くなる
小さい
・味が凝縮される
厚み
厚み
・甘みが引き立つ
・余韻が残る
薄い
・キレが出る
・軽くなる
高さ
高い
・味わいの広がりを抑える
低い
・旨み、苦みが広がる
口径
広い
・酸味の輪郭がはっきりする
狭い
・酸味が抑えられる
・やや旨みが勝る
素材
磁器
・なめらかな口当たり
・洗練された味わい
陶器
・温かみがある
・野性味が出る

「月よみ庵」の酒器一例

DATA

大きさ｜大・**中**・小
厚み｜厚・中・**薄**
高さ｜高・**中**・低
口径｜広・**中**・狭
素材｜磁器

何にでも合う万能杯

平均的な大きさ、口径、厚みを持つ万能杯。味を大きく左右することがなく、酒そのものの味わいを楽しめる。どんな酒にも合わせられるので、1つは確保しておきたい。

DATA

大きさ｜**大**・中・小
厚み｜厚・**中**・薄
高さ｜**高**・中・低
口径｜広・**中**・狭
素材｜陶器

飲兵衛におすすめ立ちぐい呑み

手のひらにすっぽり収まるサイズの立ちぐい飲み。手取りが良く、量もたっぷり入るため、冷たい酒や常温の酒をぐいぐい飲みたい時におすすめ。華やかな吟醸酒の香りも引き立ててくれる。

NG酒 熟成香の強い酒は、香りがきつく感じられてしまう

DATA

大きさ｜**大**・中・小
厚み｜厚・中・**薄**
高さ｜**高**・中・低
口径｜**広**・中・狭
素材｜陶器

生原酒にはゆったりタイプ

サイズが大きく飲み口が薄いため、酒を軽く感じさせる効果が高い。無ろ過生原酒のように味わいがダイナミックな酒でも、飲み疲れすることなく、ゆったりと味わうことができる。

NG酒 たっぷり入るため、燗酒には適さない

DATA

大きさ｜**大**・中・小
厚み｜厚・中・**薄**
高さ｜高・中・**低**
口径｜**広**・中・狭
素材｜陶器

酒をシャープにする平杯

口径が広い平杯は、酒の酸味を引き立たせ、味わいをシャープにする。キレが足りないと感じる酒や、重いお酒を軽快にしたいときに最適。冷めやすいので燗酒には適さない。

NG酒　燗酒はすぐに冷めてしまう

DATA

大きさ｜大・**中**・小
厚み｜厚・**中**・薄
高さ｜**高**・中・低
口径｜広・中・**狭**
素材｜磁器

すっきりさせたいときのストレート

口径が狭く深さがあるため、味の広がりが抑えられ、シンプルですっきりとした味わいになる。日本酒を飲み慣れていない人も、この酒器で飲むと飲みやすいと感じることが多い。

NG酒　複雑な味わいを持つ酒は、酒の魅力を削いでしまう

DATA

大きさ｜大・**中**・小
厚み｜**厚**・中・薄
高さ｜高・**中**・低
口径｜広・**中**・狭
素材｜陶器

燗酒向きの温かな陶器

飲み口が厚いため、甘み・旨みが凝縮され、ボリューム感のある味わいになる。保温効果も高いため、燗酒にピッタリ。温かみのある色合いも、燗酒を楽しむ雰囲気を引き立てる。

NG酒　冷たい酒には適さない

月よみ庵

多田正樹さんが選ぶ
和・洋・中に合う20選

日々、料理に寄り添う酒を提供しているお酒番・多田さんが、和・洋・中に合う日本酒をセレクトしました。

わたや とくべつじゅんまいしゅ みやまにしき

綿屋
特別純米酒 美山錦

720mℓ

特別純米

使用米：(麹・掛)長野県産美山錦
精米歩合：55%
酵母：宮城酵母
アルコール度数：15度
価格：1,400円(720mℓ)、2,800円(1.8ℓ)

◆宮城県
金の井酒造 (かねのいしゅぞう)
【問合せ】0228-54-2115
【購入方法】特約店

多田さんのマリアージュ

タコの緑酢和え

透明感ある旨みと酸味は、さっぱりとした緑酢にぴったり。キリッと冷やしてお楽しみください。

香り
☑果実タイプ ☐穀物タイプ
弱い ├─┼─●─┼─┤ 強い

味わい・余韻
淡い ├─┼─●─┼─┤ 濃い
甘い ├─┼─┼─●─┤ 辛い
短い ├─┼─●─┼─┤ 長い

蔵元のおすすめ
冷蔵 10〜13度に冷やして飲むと、さわやかでキレの良い味わいを楽しめます。

名水と厳選素材で醸す さわやかな純米酒

みそぎで有名な「小僧不動の滝」の上流から湧き出す名水と、専業農家の美山錦を厳選して造られた特別純米酒は、綿屋ブランドを代表する1本。ハーブや青リンゴのような香りがあり、透明感の中にも旨みと軽やかな酸味を感じられる。熟成によって旨みが広がるため、購入後に冷暗所で自家熟成させて飲むのも一興だ。

✤ その他の主な造り

綿屋 純米大吟醸
美山錦
〈純米大吟醸〉
柔らかく丸みがあり、きれいな余韻が楽しめる。幅広い料理に合う。

綿屋 純米大吟醸
黒澤米 山田錦
〈純米大吟醸〉
全量無農薬の山田錦を使用。透明感ある酒質と米の旨みが特徴的。

会津娘
純米酒

720mℓ

純米酒

使用米：（麹・掛）福島県会津産五百万石
精米歩合：60%
酵母：9号系
アルコール度数：15度
価格：1,200円（720mℓ）、
2,400円（1.8ℓ）

◆福島県
高橋庄作酒造店（たかはししょうさくしゅぞうてん）
【問合せ】0242-27-0108
【URL】aizumusume.a.la9.jp/
【購入方法】特約店

多田さんのマリアージュ

揚げ出し豆腐

落ち着いた旨みが出汁の味わいを引き立て、揚げ油をさっぱりと流してくれます。常温から48度程がおすすめです。

香り

☐果実タイプ ☑穀物タイプ

弱い ―――●――― 強い

味わい・余韻

淡い ―――●――― 濃い
甘い ―――●――― 辛い
短い ―――●――― 長い

蔵元のおすすめ

常温 穏やかな味わいをお楽しみください。

ぬる燗 味がまろやかに変化します。

熱燗 より柔らかな飲み口を楽しめます。

こだわりの酒米が叶える シンプルな味の極み

会津の穀倉地帯に位置する高橋庄作酒造店は、明治初期から続く老舗の酒蔵だ。「土《ど》産《さん》土《ど》法《ほう》」を掲げ、自ら栽培する会津産有機酒米を使い、米の旨味を十分に引き出す酒造りをしている。飲み飽きることがない素朴な味わいで、地元会津でも日常酒として人気を集める純米酒だ。温度によって異なる一面を見せてくれるのも楽しい。

その他の主な造り

会津娘 純米吟醸
〈純米吟醸〉
穏やかな吟醸香となめらかな飲み口、ほどよい熟成感もある。

会津娘 特別本醸造
〈特別本醸造〉
辛口タイプのにごり酒。濃醇な味わいは冷蔵から常温で楽しみたい。

たんざわさん じゅんまいしゅ あわやまだにしき 60 れいほう

丹澤山

純米酒 阿波山田錦 60 麗峰

720mℓ

純米酒

使用米：（麹・掛）阿波山田錦
精米歩合：60%
酵母：7号
アルコール度数：16度
価格　：1,600円（720mℓ）、3,200円（1.8ℓ）

◆神奈川県
川西屋酒造店（かわにしやしゅぞうてん）
【問合せ】0465-75-0009
【購入方法】全国酒販店

多田さんのマリアージュ

お刺身
（本マグロヅケ）

ヅケの醤油とみりんが、「丹澤山」の奥深い旨みと酸味に合います。飛切燗からの燗冷ましで楽しんでください。

香り

☐果実タイプ　☑穀物タイプ

弱い |—●—+—+—+—| 強い

味わい・余韻

淡い |—+—+—+—●—| 濃い
甘い |—+—+—+—●—| 辛い
短い |—+—+—+—●—| 長い

蔵元のおすすめ

熱燗 55度程度で。柔らかい旨みをお楽しみください。

飛切燗 70度程度まで温めると、辛さの後にキレの良い旨みが感じられます。

燗冷まし 旨みのバランスを保ちながらさらりと飲めます。

熟成で旨みを引き出した変幻自在の食中酒

「料理との一体感」を信条とする川西屋酒造店が、阿波山田錦を1年以上熟成させて造った「麗峰」。燗にすると上品な旨みと酸味があり、燗にすることでスパッと心地良いキレが表れる。熟成により味が閉じているため、一度50～60度まで燗にすることで、豊かな旨みが引き出される。それ以降はぬる燗、燗冷ましなどの温度帯でも楽しめる。

❖ その他の主な造り

丹沢山 吟造り 純米
〈純米酒〉
地元足柄産の酒米「若水」を使った、地域に根ざした人気の地酒。

丹沢山 秀峰 純米
〈純米酒〉
すべての温度帯で、バランスの良い味わいを楽しめる。

きくよい とくべつほんじょうぞう

喜久酔

特別本醸造

720mℓ

特別本醸造

使用米：(麹)山田錦／(掛)日本晴
精米歩合：60%
酵母：静岡酵母
アルコール度数：15〜16度
価格：1,000円(720mℓ)、2,000円(1.8ℓ)

◆静岡県
青島酒造（あおしましゅぞう）
【問合せ】054-641-5533
【購入方法】特約店

多田さんのマリアージュ

小松菜としらすのお浸し

酒の上品な旨みが和食の出汁とよく合います。常温でどうぞ。

香り
☑果実タイプ　□穀物タイプ
弱い　　強い

味わい・余韻
淡い　　濃い
甘い　　辛い
短い　　長い

蔵元のおすすめ
冷蔵 すっきりとした味わいとキレの良さをお楽しみください。
常温 香り・味・のどごしをバランス良く楽しめます。
ぬる燗 柔らかな口当たりが、さらにまろやかになります。

地元の水と酵母が生んだ繊細な味わいの日常酒

江戸時代中期創業の老舗、青島酒造が蔵の地下より汲み上げた南アルプス系の仕込み水と、人の手による丁寧な洗米で造り上げた「喜久酔 特別本醸造」。静岡県が開発したオリジナルの「静岡酵母」が、柔らかな味わいに穏やかな吟醸香を添えてくれる。控えめな酸味で飲み飽きしないため、日常酒にぴったりだ。

❖ その他の主な造り

喜久酔 特別純米
〈特別純米〉
穏やかな香り、柔らかな口当たり、軽快なのどごしが楽しめる。

喜久酔 純米吟醸
〈純米吟醸〉
酒米を50%まで精米した、青島酒造の代表銘柄。バランスの良い味。

そうくう じゅんまいしゅ みやまにしき

蒼空
純米酒 美山錦

500mℓ

純米酒

使用米：（麹・掛）美山錦
精米歩合：60%
酵母：宮城酵母
アルコール度数：16度台
価格：1,600円（500mℓ）

◆京都府
藤岡酒造（ふじおかしゅぞう）
【問合せ】075-611-4666
【URL】sookuu.net/
【購入方法】特約店、通販（sookuu.net/shop/）

多田さんのマリアージュ

いかとわけぎのぬた

白味噌・酒、砂糖の風味が酒を引き立てます。常温からぬる燗でお楽しみください。

香り

☑果実タイプ ☐穀物タイプ

弱い ―――●― 強い

味わい・余韻

淡い ――●―― 濃い

甘い ―●――― 辛い

短い ―――●― 長い

蔵元のおすすめ

冷蔵 透き通った飲み口がより一層際立ちます。

常温 柔らかな味わいが楽しめます。

澄んだ青空を思わせる上品な香りと端正な飲み口

良質な水源に恵まれた伏見の藤岡酒造が、最上流の井戸から汲み上げる白菊水を使って絹のようになめらかな味わいを実現。「青空を見上げたときのようにホッとする酒」という思いが込められている。品の良い吟醸香と、しっかりした米の旨み、さらにさっぱりした後口を楽しめる。食中酒として設計しているので、毎晩の晩酌にぜひ。

その他の主な造り

蒼空 純米大吟醸酒
〈純米大吟醸〉
蒼空の真骨頂といえる柔らかな口当たり。

蒼空 純米吟醸酒
〈純米吟醸〉
口当たりは柔らかく、バランスの取れた味わい。

竹鶴
純米 秘傳

720mℓ

純米酒

使用米：（麹・掛）八反錦
精米歩合：70%
酵母：601号
アルコール度数：15.6度
価格：1,250円（720mℓ）、2,500円（1.8ℓ）

◆広島県
竹鶴酒造（たけつるしゅぞう）
【問合せ】0846-22-2021
【購入方法】特約店

多田さんのマリアージュ

とんかつ

キリッとした辛口の酒質は、とんかつのソースの味をまろやかに引き立て、熟成感は肉の脂の旨みによく合います。飛切燗でぜひ。

香り

□果実タイプ ☑穀物タイプ

弱い ―――― 強い

味わい・余韻

淡い ―――― 濃い
甘い ―――― 辛い
短い ―――― 長い

蔵元のおすすめ

燗冷まし お燗で膨らんだ旨みはそのままに、柔らかい口当たりになります。

自然の恵みが生んだ目にも美しい純米酒

竹鶴酒造は、「日本のウイスキーの父」竹鶴政孝の生家として知られる広島の老舗酒蔵。「自然の恵みを生かし、できた酒そのままを味わってほしい」というこだわりから、雑味などを取り除くろ過などの後処理をあえて省いている。熟成酒ならではの美しい山吹色は目にも楽しく、芳醇な熟成香、しっかりした骨格を堪能できる。

その他の主な造り

竹鶴 純米吟醸
〈純米吟醸〉
控えめな吟醸香にきれいなコクが味わえる、お燗にぴったりの1本。

竹鶴 合鴨農法米
〈純米酒〉
農薬を一切使用せず、田んぼの除草・害虫駆除に合鴨を使って栽培された酒米でできた純米酒。シャープな味わい。

ふそうつる じゅんまいしゅ たかつがわ

扶桑鶴
純米酒 高津川

720mℓ

純米酒

使用米：(麹)島根県産五百万石／(掛)島根県産ハナエチゼン
精米歩合：70%
酵母：7号
アルコール度数：15度
価格：1,075円(720mℓ)、2,150円(1.8ℓ)

◆島根県
桑原酒場（くわばらさかば）
【問合せ】0856-23-2263
【購入方法】特約店

多田さんのマリアージュ

いわしつみれ汁

穏やかな香りを持つ「扶桑鶴」は、出汁と味噌がきいた家庭料理にぴったりです。熱燗でぜひ。

香り
☑果実タイプ　□穀物タイプ
弱い ●———————— 強い

味わい・余韻
淡い ————●———— 濃い
甘い ——————●—— 辛い
短い ————●———— 長い

蔵元のおすすめ
冷蔵 さわやかな酸味と軽い飲み口をお楽しみください。
常温 渋みや苦みを感じやすくなります。辛口がお好みの方に。
熱燗 旨みが膨らみ、辛さが和らぎます。

口いっぱいに広がる五百万石のまろやかさ

日本一の清流と言われる高津川の水を用いる桑原酒場の「扶桑鶴」は、米本来の旨みと味わいを重視して造られた日本酒。口に含んだ瞬間に広がる柔らかな香りが特徴だ。あえて精米度を低くすることで、島根県産の酒米・五百万石特有の旨みにまろやかな口当たりが加わり、飲み飽きしない。幅広い温度帯で楽しめる。

その他の主な造り

扶桑鶴 純米吟醸 山田錦
〈純米吟醸〉
シャープなキレと穏やかな吟醸香と、山田錦らしい奥行きのある旨みが感じられる。

扶桑鶴 特別純米
〈特別純米〉
芳醇な風味とすっきりした口当たりの辛口純米酒。すべての温度帯で楽しめる。

あさひきく だいち じゅんまい

旭菊

大地 純米

720mℓ

純米酒

使用米：（麹・掛）山田錦（無農薬）
精米歩合：60%
酵母：7号
アルコール度数：15度
価格：1,350円（720mℓ）、2,700円（1.8ℓ）

◆福岡県
旭菊酒造（あさひきくしゅぞう）
【問合せ】0942-64-2003
【URL】asahigiku.com/
【購入方法】特約店

多田さんのマリアージュ

筑前煮

優しい穀物感が、醤油・みりん・酒・砂糖を使った定番の煮物と好相性。上燗がおすすめです。

香り

☐果実タイプ ☑穀物タイプ

弱い ―●――――― 強い

味わい・余韻

淡い ――――●― 濃い
甘い ―――●―― 辛い
短い ―――●―― 長い

蔵元のおすすめ

ぬる燗 味の幅が一層広がり、まとまりが出ます。

熱燗 よりシャープな味になります。

味と香りが調和した包容力のある純米酒

「米本来の旨みを醸し出し、飲み飽きしない純米酒」を心がける旭菊酒造の「大地」は、完全無農薬の山田錦を100%使用した純米酒。料理の邪魔をしない自然な香りと、山田錦特有の穏やかで芯のある旨みのバランスが秀逸。温めて飲むとさらにコクが深くなる。気分に合わせて温度帯を変えれば楽しみが広がるはず。

❖ その他の主な造り

旭菊 大地 純米吟醸 無農薬山田錦 50%精米
〈純米吟醸〉
無農薬の山田錦を50%まで磨き、自然な旨みを表現した。

綾花 純米瓶囲い
〈特別純米〉
福岡県筑後地区で契約栽培した山田錦を使用。瓶詰低温貯蔵で熟成させ、米の旨みとコクを引き出した。

よえもん やまはいじゅんまい じかでん みやまにしき ひいれ

酔右衛門
山廃純米 自家田 美山錦 火入れ

720mℓ

純米酒

使用米：（麹・掛）美山錦
精米歩合：55%
酵母：7号
アルコール度数：17.3度
価格：1,600円（720mℓ）、3,200円（1.8ℓ）

◆岩手県
川村酒造店（かわむらしゅぞうてん）
【問合せ】0198-45-2226／
（FAX）0198-45-6005
【URL】homepage1.nifty.com/nanbuzeki/
【購入方法】特約店

多田さんのマリアージュ

ラタトゥイユ

温かみのある酸味がトマトにマッチ。山廃特有の米のエキスが、野菜を引き立てます。常温から燗冷ましがおすすめです。

香り
☐果実タイプ ☑穀物タイプ
弱い ―●――― 強い

味わい・余韻
淡い ―――●― 濃い
甘い ―――●― 辛い
短い ―――●― 長い

蔵元のおすすめ
熱燗 米の旨みが開き、より濃厚な味わいを楽しめます。
燗冷まし 一度開いた味わいが落ち着き、まろやかに変化します。

山廃×長期熟成による どっしり濃厚な男酒

古くから杜氏の里として栄えた岩手県石鳥谷町で生まれた「酔右衛門」は、川村酒造店の自家田で丁寧に栽培した美山錦を使って醸し、2年間じっくり熟成させて造られる。山廃特有の濃厚な味わいと、しっかりとした酸味が特徴。味の濃い料理にも負けない、旨みの強い辛口純米酒だ。しっかりとお燗してから飲んでほしい。

その他の主な造り

酔右衛門 特別純米酒
吟ぎんが 火入
〈特別純米〉
岩手県産のオリジナル酒米・吟ぎんがを使った1本。

酔右衛門 純米酒
亀の尾 火入
〈純米酒〉
ひとめぼれなど、多くの東北の米のルーツである稀少な酒米を使用。

そうほまれ じょうねつ じゅんまい なまげんしゅ

惣誉
情熱 純米 生原酒

1.8ℓ

純米酒

使用米：(麹・掛)兵庫県吉川(特A地区)産山田錦
精米歩合：70%
酵母：7号
アルコール度数：17度
価格：1,230円(720mℓ)、2,460円(1.8ℓ)

◆栃木県
惣誉酒造(そうほまれしゅぞう)
【問合せ】HP問合せフォーム
【URL】sohomare.co.jp/
【購入方法】横浜君嶋屋

多田さんのマリアージュ

玉ねぎと生ハムのマリネ

「惣誉」ならではの品の良い吟醸香とモダンな酸味がビネガーとよく合い、山田錦の上質な旨みが生ハムの濃い味わいにぴったりです。ワインのようによく冷やしてどうぞ。

香り
☑果実タイプ　☐穀物タイプ
弱い ├─┼─┼─●─┤ 強い

味わい・余韻
淡い ├─┼─┼─●─┤ 濃い
甘い ├─┼─●─┼─┤ 辛い
短い ├─┼─┼─●─┤ 長い

蔵元のおすすめ
冷蔵 8〜10度にすると、いい田んぼで育った山田錦の旨み、7号酵母の上品な酸、そしてメロンのような香りが、口中を満たします。

ワイングラスで楽しむ 最高峰山田錦の旨み

山田錦の酒造りに力を注ぐ老舗蔵の惣誉酒造が、最高峰といわれる兵庫県吉川(特A地区)産山田錦を100%使用し、丁寧に仕込んだ純米生原酒。米の旨みを十分に生かすため、精米歩合70%の生原酒で瓶に詰めている。純米生原酒の芳醇な味わいを、軽やかな果実の香りと一緒に楽しめる。ワイングラスで気軽に味わいたい。

その他の主な造り

惣誉 生酛仕込 純米大吟醸
〈純米大吟醸〉
ソフトな口当たり、甘みと酸が絶妙の1本。(P46)

惣誉 大吟醸
〈大吟醸〉
華やかな香りと透明感ある味。最新技術を結集した高級ライン。

しんかめ じゅんまい からくち

神亀
純米 辛口

純米酒

使用米：（麹・掛）酒造好適米
精米歩合：60%
酵母：9号
アルコール度数：15.5度
価格：1,476円（720mℓ）、2,952円（1.8ℓ）

◆埼玉県
神亀酒造（しんかめしゅぞう）
【問合せ】048-768-0115
【URL】shinkame.com/Japanese/
【購入方法】特約店、通販（shinkame.jp/）

多田さんのマリアージュ

ビーフシチュー

適度な熟成感がデミグラスソースのコクを深めてくれ、シャープなキレが口をさっぱりさせてくれます。

香り
□果実タイプ ☑穀物タイプ
弱い ―●―――― 強い

味わい・余韻
淡い ――――● 濃い
甘い ――――● 辛い
短い ―――●― 長い

蔵元のおすすめ
熱燗 70度まで上げても味のバランスを崩しません。

720mℓ

熟成のコクを楽しむ お燗のための純米酒

全量純米酒にこだわる神亀酒造の名を冠した、2年熟成の辛口純米酒。心地良い熟成香があり、淡い山吹色が目にも美しい。さっぱりとした辛口のアタックと舌の上で広がるコクが、料理との相性を高めてくれる。お燗に向くように設計されており、70度まで温めると熟成由来の濃厚な旨みが一層際立つ。燗冷ましもおすすめ。

その他の主な造り

神亀 純米吟醸
〈純米吟醸〉
五百万石の特等米が出たときのみ生産する限定品。3年以上熟成させた味は、瑞々しくも旨みがたっぷり。

ひこ孫 純米
〈純米酒〉
3年以上の熟成期間を経て出荷する、燗酒の王道といえる定番商品。

だるままさむね じゅくせいさんねん

達磨正宗
熟成三年

720mℓ

使用米：（麹・掛）日本晴
精米歩合：70%
酵母：7号
アルコール度数：16度
価格：1,600円（720mℓ）

◆岐阜県
白木恒助商店（しらきつねすけしょうてん）
【問合せ】058-229-1008
【URL】daruma-masamune.co.jp/
【購入方法】特約店／通販（HPと同じ）

多田さんのマリアージュ

チョコレートアイス

リッチな味わいは、アイスクリームをワンランク上のデザートにしてくれます。ほのかな苦みがチョコレートにぴったりです。

香り

☐果実タイプ　☑穀物タイプ

弱い ├─┼─┼─●─┤ 強い

味わい・余韻

淡い ├─┼─┼─●─┤ 濃い

甘い ├─●─┼─┼─┤ 辛い

短い ├─┼─┼─┼─●┤ 長い

蔵元のおすすめ

常温 口になじみます。

熱燗 50度程度に温めると、味わいの幅が広がります。

アイスクリームに日本酒？世界が認めた熟成酒

熟成酒の名手として、世界各国の評論家やコンテストで高い評価を受けている白木恒助商店の代表銘柄「ダルマ正宗」は、古酒独特のナッツのような熟成香とクリーミーな甘みが特徴。中華料理や肉料理など、味の濃い料理に合わせてもよいが、多田さんのおすすめはなんとアイスクリーム。食後のデザートにどうぞ。

❖その他の主な造り

達磨正宗 十年古酒

10年以上じっくり熟成させた古酒をブレンド。ほどよいドライ感と長い余韻を実現。とろける味わいを楽しめる。

達磨正宗 未来へ

購入後、家庭で長期熟成させる一風変わった1本。麹の量を1.5倍にすることで、味わいがより豊かになる。

はなぶさ とくべつじゅんまいしゅ きもとむろかびんひいれ

英

特別純米酒 生酛無濾過瓶火入れ

720mℓ

特別純米

使用米：(麹・掛)無農薬山田錦
精米歩合：60%
酵母：無添加
アルコール度数：15度
価格：1,650円(720mℓ)、3,300円(1.8ℓ)

◆三重県
森喜酒造場(もりきしゅぞうじょう)
【問合せ】(FAX)0595-24-5735／(MAIL)fwkc6398@mb.infoweb.ne.jp
【URL】homepage3.nifty.com/moriki/
【購入方法】特約店

多田さんのマリアージュ

チキンのソテー粒マスタードソース

柔らかな香りはソースに加えたハチミツと好相性。生酛ならではの引き締まった旨みがマスタードソースの酸味と合います。熱燗でぜひ。

香り
□果実タイプ ☑穀物タイプ
弱い ―――――― 強い

味わい・余韻
淡い ―――――― 濃い
甘い ―――――― 辛い
短い ―――――― 長い

蔵元のおすすめ
熱燗 酸味がクリアに感じられます。
ぬる燗 酸味がわかりやすくなります。

伝説の女性杜氏が造る優しくふくよかな生酛

「物心つく前にお酒の味を覚えた」という女性の杜氏・森喜るみ子さんが、伊賀の契約農家と共に栽培した無農薬伊賀山田錦で造り上げた特別純米酒。ふくよかな米の香りを携え、優しく奥行きのある味わいをさわやかな酸味が引き締めてくれる。オールラウンダーな食中酒だが、発酵食品などの酸味と特に相性がいい。

✤その他の主な造り

英 山廃 純米酒
〈純米酒〉
生酛に比べて穏やかな酸味が印象的。燗酒が特におすすめ。

英 jyungin
〈純米吟醸〉
6号酵母を使用した純米吟醸酒。控えめな香りと穏やかな味わい。

1.8ℓ

しちほんやり じゅんまい わたりぶね 77% せいまい

七本鎗

純米 渡船 77% 精米

純米酒

使用米：(麹・掛)滋賀渡船6号
精米歩合：77%
酵母：901号
アルコール度数：15度
価格：1,450円(720mℓ)、2,900円(1.8ℓ)

◆滋賀県
冨田酒造 (とみたしゅぞう)
【問合せ】0749-82-2013／HP問合せフォーム
【URL】7yari.co.jp/
【購入方法】特約店

多田さんのマリアージュ

ベーコンのポテトサラダ

「七本鎗」の野性的な香りとダイナミックな味は、ベーコンの香りとマヨネーズにぴったり。熱燗がおすすめです。

香り
□果実タイプ ☑穀物タイプ
弱い ├─┼─┼─●─┤強い

味わい・余韻
淡い ├─┼─┼─●─┤濃い
甘い ├─┼─┼─●─┤辛い
短い ├─┼─┼─●─┤長い

蔵元のおすすめ
冷蔵 全体的にシャープでしまった印象になります。
常温 じんわりと旨みが広がり、キレの良さが光ります。
熱燗 芳醇な香りとふくよかなお米の旨みが口の中に広がります。

幻の酒米を使った〝磨かない〟純米酒

雪深い琵琶湖の最北端で460余年の歴史を刻む冨田酒造で造られる「七本鎗 純米 渡船」は、かつて幻の酒米と言われた「渡船」を使った低精白の純米酒。あえて精米を抑えることにより、渡船の特徴であるしっかりとした旨みと強い穀物感が感じられる。ダイナミックな味わいで、こってりと濃厚な料理と合わせたくなる。

✤その他の主な造り

七本鎗 純米玉栄 14号酵母
〈純米酒〉
七本鎗の定番酒。米のふくよかな旨みとしっかりとした酸味を併せ持つ。冷酒からお燗まで幅広く楽しめる。

七本鎗 無有
〈純米酒〉
地元の契約農家による無農薬栽培の酒米で造った1本。柔らかで優しい旨みが特徴。

フレー！ きもとじこみ やまだにしき 80

冨玲

生酛仕込 山田錦 80

720mℓ

使用米：（麹・掛）山田錦
精米歩合：80%
酵母：無添加
アルコール度数：14.5〜15.5度
価格：1,350円（720mℓ）、2,700円（1.8ℓ）

◆鳥取県
梅津酒造（うめつしゅぞう）
【問合せ】0858-37-2008／
（FAX）0858-37-2023／
（MAIL）sake@umetsu-sake.jp
【URL】umetsu-sake.jp/
【購入方法】要問合せ

多田さんのマリアージュ

チーズのペンネ

無添加ならではの強い発酵感と旨みがチーズと合い、骨太な酸味が口をさっぱりさせます。飛び切り燗がおすすめです。

香り

□果実タイプ　☑穀物タイプ

弱い ├─┼─●─┼─┤ 強い

味わい・余韻

淡い ├─┼─┼─┼─● 濃い
甘い ├─┼─┼─┼─● 辛い
短い ├─┼─●─┼─┤ 長い

蔵元のおすすめ

常温 穏やかな飲み口です。
ぬる燗 柔らかい口当たりと静かな余韻を楽しめます。
熱燗 力強いキレが増します。
割水燗 一割ほど加水してお燗すると風味が柔らかくなります。

すべての温度で楽しめる 無添加ならではの安定感

「健康と環境を考えた酒造り」を掲げる全量純米蔵・梅津酒造の「冨玲（フレー！）」は、種麹以外は完全無添加のナチュラルな1本。混じりけのない米の旨みと太い酸味、落ち着いた香りが心地良い。熱すぎるほどのお燗にして、徐々に温度が下がってゆくのを料理と合わせながら飲みたい。平杯でするりと楽しむのが蔵元のおすすめ。

✤その他の主な造り

冨玲 生酛仕込（加水）
山田錦 60

加水によるすっきりとした飲み口。溶け込んだ米の甘みも十分。

梅津の生酛

伝統製法に回帰した1本。米の旨みを、骨太な酸味がしっかりと支える。

なべしま とくべつじゅんまいしゅ なまざけ

鍋島

特別純米酒 生酒

720mℓ

特別純米

使用米：(麹)山田錦／(掛)佐賀の華
精米歩合：55%
酵母：非公開
アルコール度数：15度
価格：1,328円(720mℓ)、2,654円(1.8ℓ)

◆佐賀県
富久千代酒造 (ふくちよしゅぞう)
【問合せ】0954-62-3727
【URL】nabeshima.biz/
【購入方法】特約店

多田さんのマリアージュ

トマトとモッツァレラ（カプレーゼ）

ハーブや果実を思わせるようなさわやかな香りが特徴の「鍋島」は、バジルとオリーブオイルとの相性が抜群。よく冷やしてどうぞ。

香り

☑果実タイプ　□穀物タイプ

弱い ├──┼──┼──●──┤ 強い

味わい・余韻

淡い ├──●──┼──┼──┤ 濃い

甘い ├──┼──┼──●──┤ 辛い

短い ├──┼──┼──●──┤ 長い

蔵元のおすすめ

冷蔵 開栓の直後はガス感があり、フレッシュな味を楽しめます。2〜4日経つと香りが落ち着きます。

ぬる燗 ほどよい旨みが感じられ、お寿司などに合います。

苦みこそ旨み！佐賀が生んだ銘酒

九州・佐賀を代表する地酒としてファンが多い「鍋島」の定番商品。個性豊かな「鍋島」ラインナップの中では、比較的大人しい1本だ。メロンを思わせるような穏やかな香りと、さわやかな酸味と透明感のある旨みが特徴。伸びの良い苦みが料理を引き立ててくれる、さまざまなメニューと合わせやすい辛口純米酒だ。

✤その他の主な造り

鍋島 大吟醸
〈大吟醸〉
ピチピチした発泡感と、山田錦の上品な旨みが楽しめる。

鍋島 純米吟醸
〈純米吟醸〉
南国フルーツを思わせる穏やかな香り、さわやかな清涼感が特徴。

はなともえ みずもと じゅんまい むろかなまげんしゅ

花巴

水酛 純米 無濾過生原酒

720mℓ

純米酒

使用米：（麹・掛）吟のさと
精米歩合：70%
酵母：無添加
アルコール度数：16度
価格：1,400円（720mℓ）、2,800円（1.8ℓ）

◆奈良県
美吉野醸造（みよしのじょうぞう）
【問合せ】0746-32-3639
【URL】hanatomoe.com/
【購入方法】特約店

多田さんのマリアージュ

生春巻き

水酛造りの個性的な酸味が、シャンツァイやナンプラーといったエスニックな素材と調和。甘い香りがスイートチリソースと引き立て合います。

香り

☑果実タイプ ☐穀物タイプ

弱い ├──────●┤強い

味わい・余韻

淡い ├────●─┤濃い
甘い ├─●────┤辛い
短い ├──────●┤長い

蔵元のおすすめ

熱燗 イチゴミルクを思わせる甘やかな香りがたまりません。

常温 15度程度が一番おすすめです。

燗冷まし 酸の雰囲気を保ちながらもマイルドに仕上がり、食事がより進みます。

日本酒の〝原型〟で醸す インパクト大の甘酸っぱさ

同じ「花巴」の銘柄でも、速醸、山廃、そして水酛と、さまざまな造りを実践している美吉野醸造。水酛とは、生米と蒸米を水に浸けて乳酸菌を増殖させた「そやし水」を仕込水として発酵させる、室町時代から続く珍しい手法。まるで乳酸飲料のようなインパクトのある酸味は、一度飲んだら忘れられない味だ。

その他の主な造り

花巴 山廃純米 無濾過生原酒
〈純米酒〉
熟れた果実のような香りとワイルドな酸、太いボディが特徴的。（P63）

花巴 速醸純米酒
〈純米酒〉
速醸を採用しながら、酵母無添加というタイプ。軽やかな酸味と鋭いキレ、どっしり強い旨みが楽しめる。

花垣
純米 にごり酒

720mℓ

純米酒

使用米：（麹・掛）五百万石・華越前
精米歩合：60%
酵母：7号系
アルコール度数：14度
価格：1,050円（720mℓ）、2,100円（1.8ℓ）

◆福井県
南部酒造場（なんぶしゅぞうじょう）
【問合せ】0779-65-8900
【URL】hanagaki.co.jp/
【購入方法】特約店

多田さんのマリアージュ

麻婆豆腐

「花垣」の柔らかな甘みが花椒・豆板醤の痺れと辛さを和らげ、トウチのコクとも合います。ロック、ソーダ割り、熱燗もおすすめです。

香り

□果実タイプ　☑穀物タイプ

弱い ├─┼─●─┼─┤ 強い

味わい・余韻

淡い ├─┼─┼─●─┤ 濃い
甘い ├─●─┼─┼─┤ 辛い
短い ├─┼─┼─●─┤ 長い

蔵元のおすすめ

冷蔵 キリッと引き締まった甘みをお楽しみください。
常温 ほのかな甘みとクリーミーな味わいが感じられます。
ぬる燗 甘みと酸味が調和し、濃醇な味わいになります。

自然の恵みが育んだ クリーミーなにごり酒

良質な米と水、寒冷な気候に恵まれた土地で育まれた南部酒造場の「花垣」は、とろりとまろやかな「どぶろく」を連想させるにごり酒。ほのかな甘みがあるクリーミーな酒質で、米の炊きあがりを思わせるふくよかさが特徴。すべての温度帯で楽しめるが、夏場はロックにしても楽しめる、オールラウンダーな日常酒。

❖ その他の主な造り

花垣 超辛純米
〈純米酒〉
アルコール添加ではなく、純米の完全発酵で超辛口を実現。

花垣
純米大吟醸 うすにごり
〈純米大吟醸〉
おりが絡んだ独特ののどごし、きめ細かい舌触りが特徴。

睡龍《すいりゅう》
生酛《きもと》 純米《じゅんまい》

1.8ℓ

純米酒

使用米：(麹)山田錦／(掛)あきつほ
精米歩合：65%
酵母：7号
アルコール度数：15度
価格：1,570円(720mℓ)、3,140円(1.8ℓ)

◆奈良県
久保本家酒造 (くぼほんけしゅぞう)
【問合せ】0745-83-0036
【購入方法】特約店

多田さんのマリアージュ

焼き餃子

「睡龍」の滋味深い旨みは、餃子につけたラー油と酢醤油によく合います。熱燗でお楽しみください。

香り
□果実タイプ　□穀物タイプ
弱い ―――――●― 強い

味わい・余韻
淡い ――――――● 濃い
甘い ――――――● 辛い
短い ―――――●― 長い

蔵元のおすすめ

熱燗 肉料理などにもよく合います。

燗冷まし 一度飛び切り燗以上に温めて冷ますことで、グッと深みが増します。

生酛×熟成が織りなす 濃厚で力強い旨み

「眠れる龍が目を覚ます」ような力強さを目指したパンチのある酒。通常の生酛造り以上の長い時間をかけて濃厚な旨みを出し、5年間熟成による香りは果実とも穀物とも異なるクリーミーな〝複雑系〟。複雑な味わいをさわやかな酸味が引き締める。ブルーチーズ、塩辛、からすみなどの発酵食品や珍味にもよく合う。

❖ その他の主な造り

生酛のどぶ
〈純米酒〉
粗漉ししただけの白濁したにごり酒。見た目とは裏腹に落ち着いた辛口タイプで、飲むほどにさわやかな清涼感を感じられる。(P52)

悦 凱陣
純米酒 山廃赤磐雄町 無ろ過生

720mℓ

純米酒

使用米：（麹・掛）赤磐雄町
精米歩合：68%
酵母：熊本9号
アルコール度数：18.3度
価格：1,700円（720mℓ）、3,200円（1.8ℓ）

◆香川県
丸尾本店（まるおほんてん）
【問合せ】0877-75-2045
【購入方法】特約店

多田さんのマリアージュ

ホタテ貝と野菜のカレー炒め

山廃造りの「悦 凱陣」の乳酸系のたっぷりとした酸味はスパイスとの相性が良く、素材の旨みを引き出します。熱燗からの燗冷ましでお楽しみください。

香り

□果実タイプ ☑穀物タイプ

弱い ├─┼─┼─┼─┤ 強い

味わい・余韻

淡い ├─┼─┼─┼─● 濃い
甘い ├─┼─┼─●─┤ 辛い
短い ├─┼─┼─┼─● 長い

蔵元のおすすめ

飲み方は自由。お好きな温度でお試しください。

手間を惜しまず造った豊かな味のハーモニー

空海ゆかりの満濃池の伏流水を使った完全手作業の酒造りにこだわり、小規模ながら多くの飲兵衛の支持を集める丸尾本店。山廃造りの「悦 凱陣」の中でも、赤磐雄町で醸した1本は、さらっとした口当たりで飲み飽きしない食中酒。熟成によって引き出される濃厚な旨みと、しっかりした酸味のバランスが絶妙だ。

✤その他の主な造り

悦 凱陣 純米吟醸 讃州山田錦
〈純米吟醸〉
白ワインを思わせる上質な酸と旨みのバランスが良い。豊かなボリューム感で食中酒に最適。

悦 凱陣 純米大吟醸
〈純米大吟醸〉
高精米ならではの繊細な味わい。熟した果実のような吟醸香と、米の旨み、膨らみを感じられる。

監修店舗紹介

月よみ庵《つきよみあん》

料理と好みに合わせて酒をオーダーメイド

2014年に神楽坂にオープンした、日本酒と季節の和食の料理店。多田正樹さんによる日本酒と、気鋭の料理人・新堂裕史さんによる遊び心のある料理のマリアージュを堪能できます。

メニューは月替わりで展開する「三日月コース」（3品3780円）とアラカルト（540円〜）など、料理長が厳選した旬の食材を用いた品々。日本酒はその月の料理とお客さんの好みに応じて、酒番の多田さんがチョイス。温度や酒器もオーダーメイド感覚で組み合わせ、もっともおいしい状態で提供してくれます。夜だけでなく、ランチメニューも充実。

（上）信頼関係のある生産者から仕入れた安心の食材を使用。（下）入り口の行灯が目印。

SHOP DATA

月よみ庵

所 東京都新宿区神楽坂2-11 AY2ビル2F

☎ 03-6280-8718

時 11:30〜14:00（LO13:30）、18:00〜23:00（最終入店21:00）

休 第1・3土曜、日曜

URL tsukiyomian.jp/

終章

“聴”酒師・木村咲貴が学ぶ!

日本酒を楽しむ
プロのテクニック集

トレンドや選び方、飲み方を理解した後は、いよいよ実践編。
日本酒の楽しみを世に伝えるために活動する
“聴”酒師・木村咲貴が、「大塚 はなおか」店主・花岡賢さんに、
日本酒の楽しみが倍増するプロのテクニックを聞きました。

花岡賢

はなおか・けん 「大塚 はなおか」店主。日本酒サービスのプロ向け資格認定などを行う「飲食店日本酒提供者協会」理事長を務める。

木村咲貴

きむら・さき 編集者、ライター、SSI認定唎酒師。日本酒を愛する人々から聴いた面白い話を世に伝える聴酒師として活動。
漫画ブログ: sakeschi.blog.fc2.com/

保存を学ぶ

基本編

酒タイプによって
異なる保存方法

冷蔵保存

生酒

瓶内で酵母が生きているため、常温にすると早く劣化してしまい、本来の味を楽しめないことがある。

必ず冷やすべき酒と常温でも保存できる酒とは

冷蔵庫で保存しないと、味が劣化してしまうようなデリケートなイメージがある日本酒。

花岡 日本酒にも、冷やさなければならないお酒と、そうではないお酒の2タイプがあるんですよ。

木村 えっ？　常温で保存しても大丈夫なんですか？

花岡 純米酒や本醸造酒などは常温保存でOK。ただし①日光が当たらない、②温度変化が少ない、

冷蔵保存

吟醸系

果実系の香りや繊細な味わいが魅力の吟醸酒は、冷蔵庫で冷やして飲むほうがおいしく楽しめる。

常温保存 or 冷蔵保存

純米酒・本醸造酒

温度変化の少ない冷暗所で常温保存する。匂いがうつりやすいため、周囲に匂いの強いものを置かないよう注意。

③匂いの強いものの傍に置かない、の3点には注意してください。

木村 では、冷やさなければならないのはどんなお酒でしょう？

花岡 吟醸系や生酒を常温保存すると、香りや味わいが大きく変化して劣化します。冷蔵保存したほうが酒本来の味わいを楽しめるでしょう。

NG

日光の当たる場所に置くのは厳禁

日本酒の保存の鉄則は、「日光の当たる場所に置かない」こと。日本酒は紫外線や温度変化に弱く、日光によって、日光臭や老《ひね》香《か》と呼ばれる劣化臭が出る。常温保存する場合も、日差しは避けるよう注意しよう。

発展編

自宅で日本酒を
熟成させよう

熟成させることで よりおいしくなる酒がある

木村 開けたての日本酒って、味が硬かったり、粗かったりすることがありますよね。

花岡 一口飲んでみて、甘みが足りないと感じたら、翌日まで置いてみましょう。甘みや旨みが加わり、おいしくなることが多いです。

木村 短期的に熟成させるんですね。できれば、1年以上の長期熟成にも挑戦してみたいです!

花岡 そのためには、お酒による熟成方法の違いを理解しておく必要があります。吟醸系はバランスが崩れやすいので、冷蔵でじっくり熟成させなければなりません。

木村 純米酒や本醸造酒は常温でもいいのでしょうか?

花岡 はい。ただ、実際のところお酒によって上手に熟成できるタイプとそうではないタイプがあります。中には味がスカスカになってしまうことも……。

木村 個体差があるんですね。ところで、ときどきお店で新聞紙で包んだ日本酒を見かけますが、これは何のためのものですか?

花岡 光の侵入をカットするものです。長期熟成の場合、蛍光灯から出る微量の紫外線からも影響を受ける可能性があるんですよ。

花岡さんが熟成させている日本酒。蛍光灯からの紫外線をカットするために、新聞紙で包んでいる。

※自宅で日本酒を長期熟成させる場合は未開封で行うこと。

タイプ別熟成方法と味わいの特徴

純米酒・本醸造酒

常温保存 → **カラメルのような味わいになる**

冷暗所で熟成させる。熟成による味わいの変化が大きく、カラメルやドライフルーツのようなニュアンスの味が感じられる。純米酒は個体差があり、本醸造酒のほうが安定する場合が多い。

吟醸系

冷蔵保存 → **まろやかになる**

冷蔵庫などの温度が低い場所で、ゆっくりと熟成させる。味わいの変化は比較的少なく、角が取れてまろやかになる。熟成によって、味わいのバランスが崩れるものもあるので要注意。

デキャンタージュを学ぶ

デキャンタージュで甘みと旨みをプラス

日本酒を一口飲んで、甘みが足りないと感じた場合、デキャンタージュをする方法があります。

木村 デキャンタージュって、ワインで行われる手法ですよね。

花岡 空気に触れさせることで、味わいを開かせ、甘みや旨みを加える方法です。

木村 先ほど、開栓してしばらく置いておく方法を教えていただきましたが、より短期的な熟成なんですね。

花岡 さっぱりとした料理にはそのままで、味の濃い料理にはデキャンタージュをしたものを合わせるなど、料理に合わせてもよいでしょう。ただし、一度デキャンタージュすると二度と味が戻らないので注意してください。

木村 やり方は、デキャンタの容器に注げばよいのでしょうか？

花岡 ワインの場合はそれでも効果があるんですが、日本酒の場合は、空気によく触れさせるために軽く振ったほうがいいでしょう。

瓶ごとデキャンタできる!?

酒が入った瓶をそのまま振る方法もある。満杯の場合は1杯分ほど取り出してから、空気を含ませるイメージで中の液体を回す。ただし、振った後は飲み切らないと甘くなり過ぎてしまうので注意。

デキャンタージュの方法

1
デキャンタに酒を注ぐ

飲みたい量の日本酒を、デキャンタに注ぎ入れる。ぐるぐると回してもこぼれない程度の量に留めること。

↓

2
デキャンタを回す

日本酒に空気を含ませるように意識して、デキャンタをぐるぐると回す。

↓

3
完成

30分でキンキンに冷やす方法を学ぶ

購入したての日本酒でも冷蔵庫でしっかり冷やせる

日本酒には、しっかりと冷やしたほうが味わいのバランスが良くなるタイプがあります。

木村 購入したてだと、家の冷蔵庫でうまく冷えなくて……。専用の冷蔵庫を買ったほうがいいのでしょうか?

花岡 一般的な冷蔵庫の温度は5度前後なので、すぐに冷やそうと思っても難しい。そんなときは、氷水を張ったボウルに塩を入れて、酒瓶を浸けてみましょう。塩を入れると、氷水の温度が0度以下まで下がるんです。(※)

木村 どれくらいの時間浸けておけばいいのでしょうか?

花岡 30分もあれば十分です。

木村 早い! 吟醸酒や生酒以外に、しっかり冷やしたほうがいいお酒はありますか?

花岡 酵母が生きているタイプのスパークリング日本酒です。0度近くまで下げて酵母の動きを止めないと、ガスが発生して開栓時に噴き出す危険があります。

※この方法は急冷の必要がある場合のみ。冷蔵庫で長時間保管した日本酒ならば氷のみで十分。

1 氷水を用意する

ボウルなどの大きな器に水と氷を入れる。

2
塩を入れる

1に塩をスプーン一杯分入れる。

3
よく混ぜる

マドラーなどでしっかりかき混ぜ、塩を全体に行き渡らせる。

4
ビニール袋に入れた酒瓶を浸ける

ラベルが濡れないよう、酒瓶をビニール袋に入れ、3の中に浸ける。

スパークリングの開け方を学ぶ

発泡の様子を見ながら ゆっくり開けるのがコツ

スパークリング日本酒には、①炭酸ガスを後から人工的に充填したタイプ、②生きた酵母を閉じ込め、瓶の中でガスを発生させるタイプの2種類があります。

花岡 ②の瓶内二次発酵タイプは、ガスが発生し続けているので、開けるときにコツが必要です。

木村 私も、初めて何も知らずに開けたときは、中身が噴き出して大惨事を起こしました……。せっかく買ったお酒がほとんどなくなって、悲しかったです。

花岡 そうならないために、まずは前日までに購入して、振動を与えずにお酒の温度をしっかりと下げること。先ほど紹介したようにキンキンに冷やすと、酵母によるガスの発生が落ち着きます。

木村 なるほど。確かに冷やし方が足りなかったかもしれません。開け方にもコツはありますか?

花岡 焦らずゆっくりと開けることです。それでは、実際にやってみせましょう。

スパークリング日本酒の種類

❶ 炭酸ガスを後から充填するタイプ

火入れをして発酵を止めた日本酒に、後から人工的に炭酸ガスを充填する。開栓前に振動を与えなければ、吹き出す心配はほとんどない。

❷ 酵母の力で発泡させるタイプ

酵母が生きたままの状態で、日本酒を瓶に詰めたもの。瓶の中で発酵が進むことでガスが発生し続けているため、開栓時に注意が必要。

1
キンキンに冷やす

P142～143の方法で、スパークリング日本酒をしっかりと冷やす。よく冷えていないと、中身が噴き出してしまうので注意。

2
そっとフタを回し開ける

ゆっくりとフタを回し開ける。まだ、完全にフタを外してはならない。

3
泡が立ってきたら、フタを再び閉める

瓶の中で泡が立ち上ってきたら、フタを反対に回して再び閉める。

（▶P146へ続く）

↓

4
2〜3を繰り返す

ゆっくり開ける→泡が上ってきたら閉める→ゆっくり開ける…と繰り返し、少しずつ空気を逃がしながらフタを開けていく。スパークリングワインのように、すぐに開けられない場合が多い。

↓

5
グラスに注ぐ

完全にフタを開けることができたら、グラスに注ぎ入れる。

↓

6 完成

焦らずゆっくり開けないといけないんですね

スパークリング日本酒を開けるときのPOINT

POINT 1 泡立ちが激しいときはさらに冷やす

どうしても発泡が落ち着かない場合は、瓶を再び氷水に浸ける。浸けたままの状態で、冷たい温度を保ちながら、ゆっくりと開栓する。

POINT 2 瓶を斜めにして開ける

瓶を斜めにして開ける方法もある。空気と接触する面が大きくなるため、発生したガスが空中に逃げ、発泡が穏やかになる。

NG

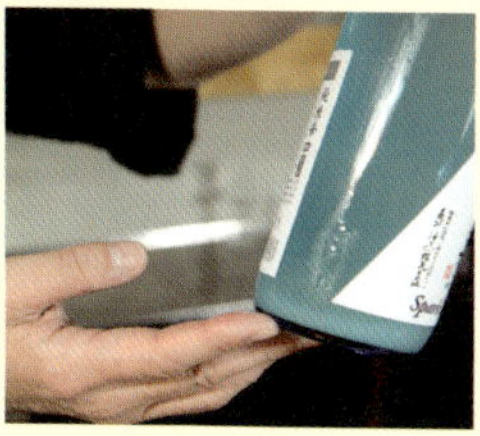

開ける前に振るのは厳禁

スパークリング日本酒の瓶の底にある沈殿物。思わず振って混ぜたくなるが、噴き出す原因となるため、決して振ってはならない。故意に混ぜなくても、開ける際にガスの力で中の液体が循環するため、自然と酒全体に混ざることを覚えておこう。

飲み進めるセオリーを学ぶ

酒を飲むスタイルか食事に合わせて飲み順を決める

木村 日本酒のタイプによって、飲むべき順番はありますか?

花岡 個人のスタイルによって違います。飲みやすい吟醸酒から始めたい人もいれば、最後を軽めの酒にしたいという人もいますね。あとは、食事に合わせる方法。和食の場合、前菜には吟醸酒、メインディッシュには純米酒というように、軽い酒からしっかりした酒に移っていきます。

自分のスタイルに合わせた飲み順

果実系の吟醸系 ⇒ 穀物系の純米酒・本醸造酒

ラストはじっくり味わいたい

香りのタイプを変えていくパターン。初めは果実系の香りの吟醸酒から。後半は穀物系の純米酒や本醸造酒移行し、チビチビとゆっくり楽しむ。

生酛・山廃などの純米酒・本醸造酒 ⇒ すっきり系の本醸造酒

すっきり締めて飲み疲れ防止

飲み口を軽くしていくほっこりパターン。濃い味わいの山廃などでは飲み疲れしてしまいそうな場合は、すっきりした本醸造酒が飲みやすい。お燗などに適した飲み方。

料理のコースに合わせた飲み順

前菜
（野菜）

吟醸系

野菜を中心とした軽やかな味付けの前菜は、フレッシュで香りの華やかな吟醸系がぴったり。

魚

辛口タイプの酒

繊細な味わいを楽しむ魚料理は、すっきりとした淡麗辛口タイプの日本酒と好相性。

肉

生酛・山廃など 酸度の高い純米酒

肉や味付けの濃い料理は、酸味のある酒と合わせることができる。純米酒だけで選ぶと幅がありすぎるため、生酛・山廃や、白麹仕込みのタイプを選ぶこと。

食後

本醸造酒

食後は珍味と一緒に、本醸造酒の燗酒をゆっくりと楽しもう。貴醸酒など、単体で楽しめる個性的な味わいの酒もおすすめ。

対談

"家飲み日本酒"の心得とは

タイプによる扱い方の違いを押さえること

木村　今日聞いたお話の中では、「日本酒を自分で熟成させる」というところが印象的でした。世間では、まだまだ「日本酒は冷蔵保存し、早く飲まなければならない」というイメージが強い気がします。

花岡　最近は、強い日本酒が増えてきています。販売店などで数カ月間置かれることを前提に、熟成しきっていない状態で出荷する蔵元も多いんですよ。果物を青い状態で出荷するような感覚です。

木村　そのままでも楽しめるけれど、熟成させるとよりおいしくなるということですね。「いいお酒は冷やさなければならない」というイメージは、吟醸酒ブームの名残だということがわかりました。

花岡　技術が発達し、全体的においしいお酒が造られるようになったことが大きいでしょう。純米酒や生酛・山廃などのタイプで、質の高いものがどんどん増えています。

木村　料理との合わせ方も教えていただきましたが、これも日本酒のタイプによって合う料理がまったく異なるということがわかりました。日本酒のタイプの特徴を理

解しておかないと、家飲みの楽しみも半減してしまいそうです。

花岡 大きく分けて、果実系の香りがする吟醸系と、穀物系の香りがする純米酒・本醸造酒の2つのタイプがあることを理解しておけばいいでしょう。

家飲みは一本の日本酒の変化をじっくり楽しめる

木村 花岡さんは「大塚 はなおか」を営んでいらっしゃいますが、飲食店で飲む場合と、家飲みの違いは何だとお考えになりますか？

花岡 家飲みのいいところは、気軽に1本のお酒をじっくり楽しめるところ。冷やしたり、燗をつけたり、しばらく置いてみたりすることで、1本の日本酒が多様に変化することを知り、楽しんでほしいです。ただ、中には取り扱いの難しいお酒もあるので、そういったものは購入時に酒販店の方に教えてもらうといいと思います。

木村 家飲みを楽しむ秘訣は、①日本酒にはさまざまなタイプがある、②1本の日本酒が多種多様に変化する、という2点をしっかり押さえることにあるんですね。教えていただいたテクニック、今夜早速試してみようと思います！

監修紹介

飲食店日本酒提供者協会《いんしょくてんにほんしゅていきょうしゃきょうかい》

〝おもてなし〟のプロを育てる新しい日本酒協会

本誌を監修した「飲食店日本酒提供者協会」は、2013年に任意団体として発足し、2014年に一般社団法人として設立した新しい日本酒の団体です。これまで、飲食サービス業に限定したプロフェッショナル向けの資格制度はありませんでした。しかし2020年開催の東京オリンピックを前に、海外での日本酒の注目度は高まりつつあり、「日本酒サービスのグローバルスタンダード」の確立と、「プロフェッショナル」の育成が重要な課題となっています。

これまでの主な活動内容は、器メーカー・カネコ小兵製陶所との共同酒器開発や、有名蔵元を招いての勉強会、唎き酒ワークショップ、講習会など。飲食業界の現場で活用できる知識やテクニックを学べる環境を整えてきました。同時に一般参加者向けにも日本酒の魅力に触れられる講座を開催しています。

また、協会の核となる取り組みが、2015年に立ち上げた「日本酒提供者マイスター」制

日本酒提供者マイスター試験

日本酒を提供する飲食サービス業の従事者を対象とし、日本酒をおいしく提供するための実践的な知識やサービス技術を認められた真のプロフェッショナルに与えられる資格。

【認定方法】
筆記と実技による資格試験

【受験資格】
21歳以上で、飲食店日本酒提供者協会の会員であり、飲食サービス業を通算1年以上経験し、現在も従事している方

【試験実施日】
10月予定

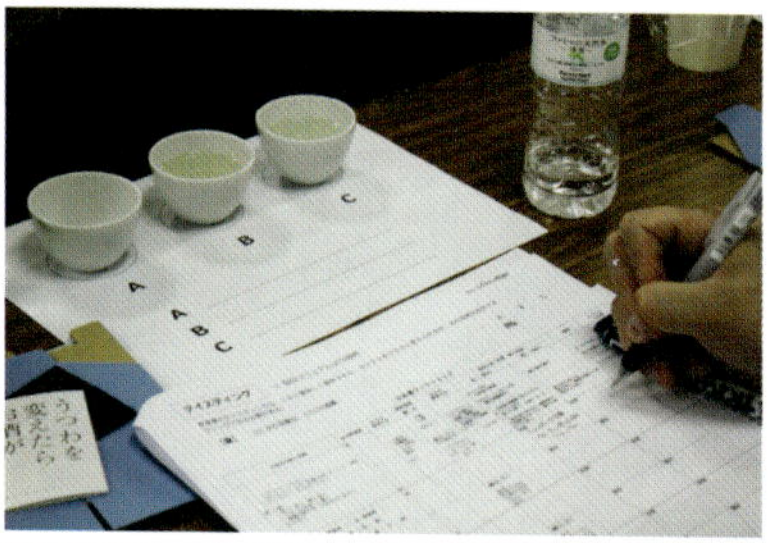

上／日本酒のタイプや特徴に加え、適した保存方法、料理との組み合わせまで分析する勉強会。中／酒蔵見学の様子。下／蔵元を招いての試飲会イベント。

度です。毎年検定試験を実施しており、将来的には日本酒サービスの技術を競い合うコンテストも開催予定です。数ある飲食店から真のプロフェッショナルを認定することで、飲み手にとって1つの指針となり、同時に飲食店業界全体の技術向上を目指しています。

DATA

一般社団法人
飲食店日本酒提供者協会
Restaurant Sake Service Association of Japan（略称:RESSA）

所 東京都豊島区南大塚1-51-18
☎ 03-5981-9800
✉ info@ressa.jp
URL ressa-sake.com/

銘柄名	県	酒造名	ページ
あ			
会津娘 純米酒	福島県	髙橋庄作酒造店	115
秋鹿 山廃 純米無濾過生原酒 山田錦	大阪府	秋鹿酒造	62
旭菊 大地 純米	福岡県	旭菊酒造	121
石鎚 純米吟醸 緑ラベル	愛媛県	石鎚酒造	89
いづみ橋 桃色黒とんぼ 生もと 純米酒	神奈川県	泉橋酒造	48
色 純米大吟醸	岐阜県	老田酒造店	99
奥播磨 山廃純米スタンダード	兵庫県	下村酒造店	64
奥吉川 生酛 純米大吟醸 原酒	兵庫県	本田商店	53
か			
醸し人九平次 彼の岸	愛知県	萬乗醸造	100
菊姫 鶴乃里	石川県	菊姫	60
喜久酔 特別本醸造	静岡県	青島酒造	117
君の井 本醸造山廃仕込 無濾過 土蔵熟成	新潟県	君の井酒造	58
生酛のどぶ	奈良県	久保本家酒造	52
京の春 特別純米生酛生原酒	京都府	向井酒造	51
麒麟 秘蔵酒 10年	新潟県	下越酒造	84
極上白鷹 大吟醸純米	兵庫県	白鷹	54
小左衛門 純米大吟醸 別誂え	岐阜県	中島醸造	83
独楽蔵 沁 豊熟純米大吟醸	福岡県	杜の蔵	101
さ			
佐久の花 山廃純米原酒 宮下米	長野県	佐久の花酒造	61
櫻室町 無濾過純米大吟醸 契約栽培米 瀬戸雄町	岡山県	室町酒造	85
七福神 純米大吟醸	岩手県	菊の司酒造	91
七本鎗 純米大吟醸 山田錦	滋賀県	冨田酒造	92
七本鎗 純米 渡船 77% 精米	滋賀県	冨田酒造	127
十旭日 生酛 御幡の元気米 火入原酒	島根県	旭日酒造	55
昇龍蓬莱 生酛純吟 雄町 60 槽場直詰生原酒	神奈川県	大矢孝酒造	47
神亀 純米 辛口	埼玉県	神亀酒造	124
睡龍 生酛 純米	奈良県	久保本家酒造	132
蒼空 純米酒 美山錦	京都府	藤岡酒造	118
惣誉 生酛仕込 純米大吟醸	栃木県	惣誉酒造	46
惣誉 情熱 純米 生原酒	栃木県	惣誉酒造	123
た			
大七 純米生酛熟成原酒 山田錦	福島県	大七酒造	88
大信州 純米大吟醸 金紋錦	長野県	大信州酒造	90

銘柄名	県	酒造名	ページ
た			
妙の華 希 情熱 純米酒 生酛無濾過生原酒	三重県	森喜酒造場	50
竹鶴 純米 秘傳	広島県	竹鶴酒造	119
龍力 純米大吟醸 吉川米田	兵庫県	本田商店	82
達磨正宗 熟成三年	岐阜県	白木恒助商店	125
丹澤山 純米酒 阿波山田錦 60 麗峰	神奈川県	川西屋酒造店	116
出羽桜 大吟醸	山形県	出羽桜酒造	96
天狗舞 純米大吟醸 TENGUMAI	石川県	車多酒造	94
天狗舞 山廃純米大吟醸	石川県	車多酒造	59
な			
鍋島 特別純米酒 生酒	佐賀県	富久千代酒造	129
は			
白龍 大吟醸	新潟県	白龍酒造	93
花垣 純米 にごり酒	福井県	南部酒造場	131
花巴 水酛 純米 無濾過生原酒	奈良県	美吉野醸造	130
花巴 山廃純米 無濾過生原酒	奈良県	美吉野醸造	63
英 特別純米酒 生酛無濾過瓶火入れ	三重県	森喜酒造場	126
日輪田 山廃純米酒	宮城県	萩野酒造	57
福光屋 山田錦 黄櫨染風 2005	石川県	福光屋	87
扶桑鶴 純米酒 高津川	島根県	桑原酒場	120
冨玲 生酛仕込 山田錦 80	鳥取県	梅津酒造	128
ま			
松の司 情熱 生酛純米酒 火入原酒	滋賀県	松瀬酒造	49
や			
やまとしずく 山廃純米酒	秋田県	秋田清酒	56
雪の茅舎 山廃純米吟醸 支子色風	秋田県	齋彌酒造店	86
酔右衛門 山廃純米 自家田 美山錦 火入れ	岩手県	川村酒造店	122
悦 凱陣 純米酒 山廃赤磐雄町 無ろ過生	香川県	丸尾本店	133
悦 凱陣 純米酒 山廃美山錦 無ろ過生	香川県	丸尾本店	65
ら			
来福 純米大吟醸 愛山	茨城県	来福酒造	95
わ			
綿屋 特別純米酒 美山錦	宮城県	金の井酒造	114
ABC			
MIZUBASHO PURE	群馬県	永井酒造	97
RISSIMO 純米大吟醸	京都府	松本酒造	98

酒造名	県	銘柄名	ページ
あ			
青島酒造	静岡県	喜久酔 特別本醸造	117
秋鹿酒造	大阪府	秋鹿 山廃 純米無濾過生原酒 山田錦	62
秋田清酒	秋田県	やまとしずく 山廃純米酒	56
旭菊酒造	福岡県	旭菊 大地 純米	121
旭日酒造	島根県	十旭日 生酛 御幡の元気米 火入原酒	55
石鎚酒造	愛媛県	石鎚 純米吟醸 緑ラベル	89
泉橋酒造	神奈川県	いづみ橋 桃色黒とんぼ 生もと 純米酒	48
梅津酒造	鳥取県	冨玲 生酛仕込 山田錦 80	128
老田酒造店	岐阜県	色 純米大吟醸	99
大矢孝酒造	神奈川県	昇龍蓬莱 生酛純吟 雄町 60 槽場直詰生原酒	47
か			
下越酒造	新潟県	麒麟 秘蔵酒 10年	84
金の井酒造	宮城県	綿屋 特別純米酒 美山錦	114
川西屋酒造店	神奈川県	丹澤山 純米酒 阿波山田錦 60 麗峰	116
川村酒造店	岩手県	酌右衛門 山廃純米 自家田 美山錦 火入れ	122
菊の司酒造	岩手県	七福神 純米大吟醸	91
菊姫	石川県	菊姫 鶴乃里	60
君の井酒造	新潟県	君の井 本醸造山廃仕込 無濾過 土蔵熟成	58
久保本家酒造	奈良県	生酛のどぶ	52
		睡龍 生酛 純米	132
桑原酒場	島根県	扶桑鶴 純米酒 高津川	120
さ			
齋彌酒造店	秋田県	雪の茅舎 山廃純米吟醸 支子色凬	86
佐久の花酒造	長野県	佐久の花 山廃純米原酒 宮下米	61
下村酒造店	兵庫県	奥播磨 山廃純米スタンダード	64
車多酒造	石川県	天狗舞 純米大吟醸 TENGUMAI	94
		天狗舞 山廃純米大吟醸	59
白木恒助商店	岐阜県	達磨正宗 熟成三年	125
神亀酒造	埼玉県	神亀 純米 辛口	124
惣誉酒造	栃木県	惣誉 生酛仕込 純米大吟醸	46
		惣誉 情熱 純米 生原酒	123
た			
大七酒造	福島県	大七 純米生酛熟成原酒 山田錦	88
大信州酒造	長野県	大信州 純米大吟醸 金紋錦	90

酒造名	県	銘柄名	ページ
た			
髙橋庄作酒造店	福島県	会津娘 純米酒	115
竹鶴酒造	広島県	竹鶴 純米 秘傳	119
出羽桜酒造	山形県	出羽桜 大吟醸	96
冨田酒造	滋賀県	七本鎗 純米大吟醸 山田錦	92
		七本鎗 純米 渡船 77% 精米	127
な			
永井酒造	群馬県	MIZUBASHO PURE	97
中島醸造	岐阜県	小左衛門 純米大吟醸 別誂え	83
南部酒造場	福井県	花垣 純米 にごり酒	131
は			
萩野酒造	宮城県	日輪田 山廃純米酒	57
白鷹	兵庫県	極上白鷹 大吟醸純米	54
白龍酒造	新潟県	白龍 大吟醸	93
萬乗醸造	愛知県	醸し人九平次 彼の岸	100
富久千代酒造	佐賀県	鍋島 特別純米酒 生酒	129
福光屋	石川県	福光屋 山田錦 黄櫨染風 2005	87
藤岡酒造	京都府	蒼空 純米酒 美山錦	118
本田商店	兵庫県	奥吉川 生酛 純米大吟醸 原酒	53
		龍力 純米大吟醸 吉川米田	82
ま			
松瀬酒造	滋賀県	松の司 情熱 生酛純米酒 火入原酒	49
松本酒造	京都府	RISSIMO 純米大吟醸	98
丸尾本店	香川県	悦 凱陣 純米酒 山廃赤磐雄町 無ろ過生	133
		悦 凱陣 純米酒 山廃美山錦 無ろ過生	65
美吉野醸造	奈良県	花巴 水酛 純米 無濾過生原酒	130
		花巴 山廃純米 無濾過生原酒	63
向井酒造	京都府	京の春 特別純米生酛生原酒	51
室町酒造	岡山県	櫻室町 無濾過純米大吟醸 契約栽培米 瀬戸雄町	85
森喜酒造場	三重県	妙の華 希 情熱 純米酒 生酛無濾過生原酒	50
		英 特別純米酒 生酛無濾過瓶火入れ	126
杜の蔵	福岡県	独楽蔵 沁 豊熟純米大吟醸	101
ら			
来福酒造	茨城県	来福 純米大吟醸 愛山	95

おわりに

最後まで読んで頂きありがとうございます。
新しい日本酒の1ページは開きましたか?

一昔前までは、日本酒といえば「二日酔いする」「苦手」「まずい」なんて声をよく聞きましたが、最近はあまり聞かなくなりました。しかし、未だに悪いすり込みが多いのも事実です。

まずは、固定概念を捨てて、日本酒を楽しみましょう。おいしい日本酒を味わえば、これまでの思い込みが、間違いだったことに気付くはずです。

この本が、あなたの日本酒ライフのお役に立てれば幸いです。

そして、このような機会を与えてくださった編集者の方々、取材・協力に快く応じていただいた方々にとても感謝しています。

横浜君嶋屋　君嶋哲至様
泉橋酒造　橋場友一様
三越伊勢丹　小幡尚裕様
月よみ庵　多田正樹様

沢山の方々のご協力のおかげで、素晴らしい本ができました。ここに記してお礼申し上げます。みなさまの日本酒ライフにカンパイ!!

一般社団法人
飲食店日本酒提供者協会
理事長
花岡　賢

[カバーデザイン]	藤井耕志(Re:D)
[本文デザイン・DTP]	長澤貴之(Zapp!)
[撮影]	布川航太、八田政玄、山田和幸
[イラスト]	きくちまる子
[協力]	君嶋哲至、小幡尚裕 多田正樹、橋場友一
[編集]	大久保敬太、寺井麻衣 (株式会社KWC) 木村咲貴

大人の自由時間 mini

うまい日本酒《にほんしゅ》を
知《し》る、選《えら》ぶ、もっと楽《たの》しむ
酒達人《さけたつじん》が教《おし》える、知《し》って飲《の》んで通《つう》になる本《ほん》

2016年5月25日　初版　第1刷発行

[監修者]　飲食店日本酒提供者協会《いんしょくてんにほんしゅていきょうしゃきょうかい》
[発行者]　片岡　巌
[発行所]　株式会社技術評論社
東京都新宿区市谷左内町21-13
電話　03-3513-6150：販売促進部
03-3267-2272：書籍編集部
[印刷／製本]　図書印刷株式会社

定価はカバーに表示してあります。

造本には細心の注意を払っておりますが、万一、乱丁(ページの乱れ)や落丁(ページの抜け)がございましたら、小社販売促進部までお送りください。送料小社負担にてお取り替えいたします。

ISBN978-4-7741-8073-1　C2077
Printed in Japan